"Considera esta obra como tu manual de supervivencia en ese, a veces, arduo camino a tu masculinidad. ¡Este libro te va a encantar!"

—Dr. Les Parrott
Autor de *El padre que quieres ser*

"La *Guía práctica para la masculinidad* es cautivante, divertida y didáctica puesto que lleva a los chicos a convertirse en hombres. Para los que quieren sentirse confiados, seguros, independientes y alcanzar todo su potencial, este es su libro".

—Sean Covey
Autor del éxito de ventas internacional *Los 7 hábitos de los adolescentes altamente efectivos*

"Todos necesitamos saber cómo hacer las cosas y, en *Guía práctica para la masculinidad,* Jonathan les ofrece a 'los jóvenes que se están formando' la verdad acerca del sentido común y el mundo real: cómo ganarse el respeto de los demás y cómo evitar avergonzarse en este desafío de llegar a ser hombres. ¡Todos los jóvenes deben leer este libro!"

—Rick Johnson
Autor de éxitos de ventas como *Better Dads, Stronger Sons* y *A man in the making: Strategies to help your son succeed in life*

"*Guía práctica para la masculinidad* es el libro perfecto para padres, maestros, entrenadores y mentores que quieren ayudar a los chicos a aprender valiosas lecciones de vida, desarrollando sus puntos fuertes y descubriendo su propia identidad en vistas a ser hombres".

—Dr. Matthew Ohlson
Facultad de Pedagogía, Universidad de Florida, consultor pedagógico y escolar, orgulloso padre de tres varones

GUÍA PRÁCTICA PARA LA

MASCULINIDAD

Cómo ASAR un filete a la perfección, CAMBIAR un neumático, IMPRESIONAR a una chica y 97 HABILIDADES más que necesitas para sobrevivir

JONATHAN CATHERMAN

Revell

a division of Baker Publishing Group
Grand Rapids, Michigan

Traducción en español © 2017 por Baker Publishing Group.
Publicado por Revell, una división de Baker Publishing Group.
P.O. Box 6287, Grand Rapids, MI 49516-6287 www.bakerbooks.com
Originalmente publicado en inglés bajo el título The Manual to Manhood.
www.revellbooks.com

Impreso en los Estados Unidos de América.

Library of Congress Cataloging-in-Publication Data is on file at the Library of Congress, Washington, DC.

ISBN 978-0-8007-2983-7

14 15 16 17 18 19 20   7 6 5 4 3 2 1

Dedico este libro a mis hijos:

Reed Catherman

y

Cole Catherman

*Dos hombres en formación,
fuertes, valientes y audaces*

Índice

Introducción

Bienvenido a la masculinidad. Bueno... casi. Esta "casi" etapa de tu vida viene con la garantía de presentarte muchas de esas oportunidades que tanto estabas esperando. Y gran parte de lo que vivirás pondrá a prueba tu masculinidad, cada día.

Hablando de hombre a hombre, puedo decirte que todos los varones queremos las mismas dos cosas. ¿Sabes cuáles son? Antes que te rías y digas que son las mujeres y la comida, piensa en algo diferente. Así es. En el fondo, todos los hombres queremos que nos respeten y evitar el bochorno. Los mejores hombres saben cómo lograr ambas cosas. Y sí, si aprendes cómo lograrlas te beneficiarás, favoreciendo también tus relaciones y tu capacidad como "asador".

Solo tú sabes cómo es que llegó este manual a tus manos. Quizá te lo haya dado tu mamá, esperando que así puedas aprender a afeitarte, a asar carne o a citarte con una chica. O tal vez lo compraste tú mismo para evitar que tu madre intentara enseñarte esas cosas: afeitarte, asar carne y hasta para evitar la vergüenza de que te presente la chica que para ella es "perfecta" para ti. Más allá de los motivos, recuerda lo siguiente. Convertirte en hombre requiere de práctica y, aunque muchos digan lo contrario, la práctica no lleva a la perfección. Aunque sí te ayuda a mejorar y podrás ser mejor hombre si practicas lo que condensamos en las páginas de esta *Guía práctica para la masculinidad*.

Sin embargo, primero lo primero: toma lo que leas en este libro como lo toma un hombre. Empieza por no suponer que ya sabes cómo hacerlo todo. Es que consultamos a los mejores expertos del mundo sobre la mejor forma de hacerlo y enseguida admitieron que sus métodos funcionan pero puede haber otros que también den resultado.

Quizá ya sepas encender el fuego de la barbacoa o planchar una camisa, usando un método diferente. ¡Bien! Todo hombre necesita ir creando su propio estilo. Y no importa qué tan independiente sea, todos necesitamos practicar las destrezas básicas que presenta este libro y, en el caso de muchos de los lectores, servirá de presentación a lo que todo hombre debiera aprender y dominar.

En segundo lugar, recuerda que las tareas de la vida cumplidas con confianza y humildad se hacen mejor si todo eso va acompañado de un carácter maduro. Los expertos que consultamos para este libro reconocen que convertirte en hombre tiene poco que ver con la edad, el tamaño de los músculos o si te crece el bigote. El mundo está poblado por cantidad de tipos de pelo en pecho, que parecen muy hombres pero actúan como niños inmaduros. Tienes que ganarte esa transformación de niño a hombre. Y al hacerlo, maduras y te aseguras —sin duda alguna— tu título de "Hombre". No hay espacio para creerse con derecho o pensar erróneamente que has alcanzado la madurez si tienes el carácter de un auténtico hombre. Para eso hay que trabajar.

La forma en que un chico se gana su condición de hombre ha ido cambiando con el tiempo y varía según el lugar. En tiempos antiguos los jóvenes vikingos iban con sus padres a saquear aldeas o casas y si un chico sobrevivía al saqueo y se quedaba con el botín del enemigo habiendo derramado sangre, estaba probándose como hombre; por lo que, desde ese momento, lo era para todos los demás. En la isla de Vanuatu, del Pacífico Sur, todavía los muchachos trepan una torre de treinta metros, se atan a una larga rama de viña a modo de soga alrededor de los tobillos y se introducen de cabeza en el suelo. Si se ha tomado la medida y el tiempo de la forma correcta, no se golpeará contra la tierra; por lo que su tribu dirá que ya es un hombre. En el mundo "moderno y civilizado" hay muchos tipos que actúan como si tragar bebidas energizantes por litros y comer carne procesada o matarse virtualmente jugando en Internet fuera la fórmula mágica que se requiere para ganarse la masculinidad. Están equivocados.

Los hombres de verdad se conducen con parámetros diferentes, altos estándares. Los hombres de verdad no creen que la clase de auto que conducen, la cantidad que beben o las muchas chicas que consigan sean lo que les hace hombres. Los hombres de verdad saben que la madurez personal es la que transforma a un chico en hombre. La madurez es una destreza que se practica y su mejor demostración es cuando un hombre sabe hacer lo correcto, de la forma correcta, en el momento correcto y por los motivos correctos. Aunque nadie lo esté mirando. ¿Eres esa clase de hombre? Puedes serlo.

Tu mayoría de edad comienza con el llamado a poner en práctica las destrezas coherentes de la vida para poder dominarlas, con la madurez de carácter que poseen únicamente los mejores hombres. Considera este libro como tu invitación...

LAS MUJERES Y LAS CITAS

1

Mujeres. Los hombres descubrimos pocas cosas en el mundo que logren cautivar nuestra atención tanto como las mujeres. Con tantos hombres enfocados en lo mismo es bueno que más o menos el 50% de la población del planeta sean mujeres. Eso significa que tienes buenas probabilidades de encontrarte con algunas damas que te cautiven a tal punto que te cueste entenderlo. Y ni hablar de explicarlo.

Aunque los hombres y las mujeres compartimos el 99,7% de los mismos genes, es ese 0,3% faltante —que marca la diferencia entre los dos géneros— el gran misterio. A eso súmale la mezcla de emociones, hormonas y los códigos con que hablan algunas chicas y verás que no es de extrañar que la mayoría de los chicos sienta una total confusión acerca de cómo interactuar con las mujeres y tener éxito al hacerlo. Es que de repente te parece imposible vivir con ellas y al minuto siguiente lo imposible es vivir sin ellas. No puedes dejar de pensar en esa chica ¡pero no tienes idea de qué es lo que ella piensa! ¿Qué se supone que haga el chico?

Según el Dr. Les Parrott, que es uno de los más grandes expertos mundiales en relaciones, hay un proceso de tres partes que todo hombre necesita practicar si quiere poder entender mejor cómo tener una buena relación con una mujer.

1. **Conócete a ti mismo:** "Si quieres tener relaciones sanas con cualquier persona, en especial con las mujeres, necesitas aportar salud a la relación. ¿Eres el mejor hombre que puedes ser en lo físico, lo emocional, lo social y lo espiritual?", pregunta el Dr. Parrott. "Tus relaciones serán igual de sanas que tú. Eso significa que, ante todo, tienes que conocer tus propias emociones, necesidades y objetivos en la vida".[1]

2. **Conócela a ella:** "Lo más importante que puedes hacer para formar una relación sana es practicar la destreza de la empatía. La empatía es clave en una relación para que sea fuerte, porque es el acto de dejar de lado tu egoísmo y lo que quieres, con el fin de considerar las necesidades de ella. ¿Qué siente, qué piensa, cuál es su actitud? ¿Qué esperanzas y sueños abriga? ¿Qué la preocupa

y le da temor? ¿Qué objetivos y metas tiene en la vida?" El Dr. Parrott sigue: "La empatía no es tan fácil de aprender y dominar puesto que el cerebro del hombre y el de la mujer piensan de manera muy diferente. Estamos cableados de modo que naturalmente pensemos y actuemos distinto. Llevará tiempo y práctica el poder imaginar correctamente su perspectiva, pero con los resultados vendrá una mayor confianza y entendimiento. Esto fortalece la relación; por eso vale la pena el esfuerzo de practicar la empatía".

3. **Une las dos cosas.** Para mostrar la importancia de esto el Dr. Parrott indica: "Los hombres que pueden relacionar el conocimiento de sí mismos con su capacidad empática tienen entonces los dos motores y la madurez necesarios como para formar relaciones fuertes y saludables".

El Dr. Parrott tiene razón. Los chicos pueden encontrar la forma de entender mejor e interactuar con las mujeres. Es algo bueno, además. Porque hombres y mujeres fuimos creados para ser parejas perfectas, compañeros de toda la vida. Aprende lo que puedas pero recuerda que no todo en la vida es para comprender. Hay cosas que se valoran más cuando conservan un saludable nivel de misterio. Y eso incluye a las mujeres.

Conoce al Dr. Les Parrott III

El Dr. Parrott es psicólogo y autor de éxitos de venta, número 1 de la lista del *New York Times*. Junto con su esposa Leslie han escrito libros sobre el amor y el matrimonio, vendiendo más de dos millones de ejemplares en treinta idiomas. Como experto en formación de relaciones, el trabajo innovador del Dr. Parrott sobre los puntos básicos de las nuevas relaciones lo ha llevado a dar conferencias ante cientos de miles de personas en el mundo entero.

hablar con la chica que te gusta

NECESITARÁS:
- Una chica que te guste
- Coraje
- Buen aliento (Cómo refrescar el mal aliento)

TIEMPO REQUERIDO:
- El que haga falta

> "¿Qué harían los hombres sin las mujeres? Poco, señor... muy poco".
>
> —Mark Twain

Allí está. Es tu oportunidad. ¡Ve y dile algo! Si no lo haces, otro lo hará. El que duda pierde y tú no eres perdedor. Así que no lo dudes. Puedes hablarle a esa chica; te diré cómo hacerlo.

PASO 1. **Respira**

Antes de dar un paso en dirección a ella, tienes que controlar tu respiración. Necesitas aire en los pulmones para hablar, así que asegúrate de respirar con normalidad. Si te hiperventilas hablarás demasiado rápido y tu cerebro se confundirá. Si no respiras te quedarás sin aire. Lo último que querrías es no tener qué decir antes de empezar a hablar siquiera.

PASO 2. **¿Es tu aliento agradable?**

La primera impresión es importante y quieres que quede marcada en su mente por mucho tiempo.

PASO 3. **Acércate, confiado**

Permanece erguido, con los hombros hacia atrás y la cabeza en alto. No estés encorvado.

PASO 4. **Dile algo agradable**

Puedes empezar con un simple: "Hola, soy _____" (di tu nombre). No digas algo que te parezca gracioso ni ingenioso solo porque lo leíste en el muro de un amigo. Eso no funciona. Mejor quédate con lo que sabes… como tu nombre.

PASO 5. **Di un cumplido sincero**

Para eso hace falta que digas lo que sientes y sientas lo que digas. Si finges en esta parte, ella lo notará. No me preguntes cómo, pero las chicas parecen saber cuando los chicos no son sinceros. Podrás probar con alguna cosa como las que hay a continuación, si es pertinente:

- "Vi el juego de voleibol ayer. Jugaste muy bien".
- "Hiciste buen trabajo hoy en la clase. Hasta hiciste que las preguntas parecieran fáciles".
- "Te queda bien ese nuevo peinado. Me gusta".

PASO 6. **Conversa con ella, no hagas un monólogo**

Eso significa que habla uno y el otro responde. La mejor forma de iniciar una conversación es preguntarle algo que requiera una respuesta que sea más que un sí o no. Busca un tema de conversación que a *ella* pueda interesarle. Sigue preguntando cosas interesantes y muestra que sabes escuchar. Si le gusta conversar, ella también te hará preguntas. Cuando lo haga, no te des aires de importante, ni te desvíes del tema, ni hables demasiado de ti mismo. Mantén la conversación en tono agradable y enfocada en ella.

PASO 7. **Que la conversación termine bien**

Para terminar la conversación elige algo positivo como: "Me gustó hablar contigo. Ojalá volvamos a vernos pronto". Es un buen momento para pedirle el número de su celular.

¿Sabías que?

El cerebro masculino libera sustancias químicas de "bienestar" cuando estamos jugando videojuegos, riendo o haciendo actividad física. También el cerebro femenino libera esas sustancias, pero sucede cuando mantienen una conversación interesante. Así que ve y habla con ella. Su cerebro quedará encantado.

invitarla a la primera cita

NECESITARÁS:

- Una chica a la que quieras invitar
- Confianza en ti mismo
- Buen aliento (Cómo refrescar el mal aliento)

TIEMPO REQUERIDO:

- Puede parecerte mucho más que lo que en realidad es.

Prepárate. Lo que estás a punto de intentar podría acabar siendo uno de los diez momentos más memorables de tu vida. Esa historia de la primera cita se oirá una y otra vez durante años, y desde dos perspectivas: la tuya y la de ella. El modo en que planifiques y lleves a cabo esa invitación determinará si la historia que se cuente será épica o de terror.

PASO 1. Elige con atención

La cita tiene que ver con conocerse mejor. La cita te ayudará a saber en qué tipo de chica tienes interés y qué clase de chica se interesa por ti.

PASO 2. Elige un evento

Es más probable que acepte salir contigo si piensas en un evento específico. Considera algo que pudiera interesarle hacer contigo.

PASO 3. Planifica cómo llegar

Evita los viajes largos ya que, por lo general, no sirven para una primera cita.

PASO 4. Planifica la invitación

Dale al menos dos o tres días para que lo piense. Si quieres salir el viernes, pregúntale el martes o el miércoles. Tal vez tenga que pedirles permiso a sus padres. La anticipación forma parte de la diversión en una buena primera cita.

PASO 5. Invítala

El momento y tu actitud lo son todo. Describe tu plan con confianza y pregúntale si le gustaría ir contigo. ¡Haz esto siempre en persona! Jamás invites a una chica con un mensaje de texto.

Tipo listo

No hay garantía de que acepte salir contigo. Lo que sí está garantizado es que si no le preguntas, jamás te dirá que sí.

planificar la cita

NECESITARÁS:
- Una chica que diga que sí saldrá contigo
- Confianza en ti mismo
- Dinero
- Transporte

TIEMPO REQUERIDO:
- 1 hora de planificación

Los tipos con madurez suficiente como para empezar a salir con chicas saben esta verdad: a ellas les gusta que el hombre tenga un plan. Así que ¿cuál es el tuyo? Si quieres que tu cita sea genial necesitarás dedicarle algo de tiempo y energía antes de salir. La mejor forma de asegurarte de que les mande un texto a sus amigas diciendo que "SED" (se está divirtiendo) es que le dediques algo de tiempo a la planificación de la cita. Te diré cómo.

PASO 1. **Piensa.**

Trata de pensar en la cita desde la perspectiva de ella. ¿Qué le gustaría hacer? ¿Qué tienen ustedes en común?

PASO 2. **Anótalo**

Anota tus ideas para la cita en una hoja de papel. Anotar muchas ideas es una forma creativa de probarlas, ver potenciales conflictos e identificar cuáles son las mejores opciones. Considera los costos, el transporte, el tiempo y hasta conseguir permiso de los padres de ella (y los tuyos, quizá).

PASO 3. **El mapa**

Una vez que hayas anotado tu mejor idea, traza el mapa de tu plan.

- ¿Cuándo es la cita? ¿De día, de tarde, de noche?
- ¿A qué hora empieza la cita? Ella tiene que saber a qué hora, para esperarte.
- ¿Cuál es tu presupuesto? La cita puede ser cara, así que planifica con un presupuesto fijo y no te excedas de eso.
- ¿Quién pagará? "A medias" es buena idea si quieres mantenerlo todo simple (ver "cómo decidir quién pagará en la cita").
- ¿Dónde irán? Sé específico. Por ejemplo, planifica ir a comer a _____ [pon el nombre del lugar] o piensa si buscarán un lugar en el momento.
- ¿Cómo llegarán allí? ¿Se encontrarán en el lugar? ¿Pasarás a buscarla? ¿Conducirás un auto?
- ¿A qué hora termina la cita? Llévala a casa puntualmente. Sé específico y honra tu palabra. Es una forma en que te ganarás su favor y la confianza de sus padres.

PASO 4. **Gánatelo**

A las chicas les gusta que el hombre tenga un plan y que sepa actuar. Así que toma la iniciativa y planifica una cita divertida. Lo esperable es que ella aprecie el esfuerzo.

¿Sabías que?

En muchos estados hay leyes para los conductores principiantes, que prohíben que los pasajeros no sean familiares, o que conduzcan en determinados horarios. Si vas a conducir, es mejor que sepas qué dice la ley antes de que tenga que explicártelo un agente de policía delante de la chica con quien saliste.

---

decidir quién pagará en la cita

NECESITARÁS:
- Una cita planificada
- Dinero

TIEMPO REQUERIDO:
- 1 minuto de conversación

La etiqueta y el protocolo para las citas que se establecieron hace un siglo se están volviendo historia. En esa época el muchacho debía pagar todo. Hoy el hombre se encuentra ante el desafío de cambiar, porque la mujer moderna a menudo quiere pagar una parte o el total. ¿Quién pagará, entonces? ¿Él? ¿Ella? ¿Los dos? Te mostraré una forma sencilla y respetuosa de determinar quién paga, sin causar controversia.

PASO 1. ¿Quién invitó a quién?

Si tú la invitas, entonces necesitas dar una buena primera impresión. La regla del caballero dice que el hombre siempre paga el total en la primera cita. No importa cuáles sean las circunstancias. Si ella te invitó y tú dijiste que sí, igual ofrece seguir la regla del caballero.

PASO 2. Segunda cita

Si ella insiste en pagar algo, considéralo. Quizá quiera mostrarte que no espera dejarte en la ruina y que también puede aportar algo. Esa es una buena señal. Tal vez sea la chica indicada.

PASO 3. Tercera cita y siguientes

Parece que estás a punto de tener una novia oficial. Si no estás seguro todavía, espera unas citas más y luego piensa en la conversación seria (ver "Cómo hablar como un hombre"). Cuando hayas decidido que sí, que será tu novia, sigue manteniendo abierta la línea de comunicación sobre quién paga. La palabra **novia** implica que ella es, ante todo, tu amiga. Los verdaderos amigos se complementan en todas las áreas, incluido el dinero. Hablen sobre esto y decidan cómo pagarán o gastarán el dinero cuando salgan.

¿Verdad o ficción masculina?

"No puedo darme el lujo de invitar a una chica"

Ficción. La verdad es que no se le puede poner precio al amor, pero sí a una cita. No necesitas gastar demasiado para mostrarle a una chica que eres creativo, considerado y que vale la pena que tengan una segunda cita la semana entrante. Las citas tienen que ser algo divertido, no un motivo de bancarrota.

conocer a los padres de la chica

NECESITARÁS:
- Un apretón de manos firme
- Ropa limpia
- Sonrisa
- Buenos modales

TIEMPO REQUERIDO:
- 1 a 5 minutos

Pocas cosas te asustarán más que conocer a los padres de una chica. Esta primera impresión podría determinar sus expectativas de si pueden o no confiarte a su niña. Si esta primera presentación sale bien, estarás un paso más cerca de ganarte la confianza de sus padres.

PASO 1. **Míralos a los ojos**

Cuando saludes a sus padres, míralos a los ojos. Lo indicado es de 4 a 5 segundos, con una pausa para desviar la mirada y luego vuelve al contacto visual.

PASO 2. **Sonríe**

La sonrisa sincera transmite optimismo y un alto nivel de confianza en ti mismo.

PASO 3. **Habla con confianza y seguridad**

Empieza por su madre y dile algo simple pero cortés, como: "Encantado de conocerlos, señora _____ [apellido] y señor _____ [apellido]".

PASO 4. **Saluda con un apretón de manos**

Sigue los pasos de "Cómo dar un apretón de manos". Con un saludo amigable y tradicional les mostrarás que eres respetuoso y que sabes interactuar con los adultos.

PASO 5. **Halágalos por su hija**

Diles algo agradable sobre su hija, que no tenga nada que ver con su aspecto personal ni con lo entusiasmado que estás por salir con ella.

PASO 6. **Usa tus buenos modales**

Di: "por favor", "gracias", "sí" en vez de "sip"; y di: "No" en vez de "nah"; y "¿cómo?" en lugar de "¿Qué?" Abre la puerta si alguien quiere pasar, no comas con la boca abierta, no hables de ti mismo todo el tiempo y, por favor, ¡controla las necesidades de tu cuerpo!

Más info

Un buen padre protege a su hija. Cualquier tipo que intente salir con ella puede ser considerado el enemigo público número uno. La clave para ganarte la aprobación de papá es tratar a su hija con el respeto que él desea para su pequeña. Piensa en que papá está mirándolos todo el tiempo. Eso te mantendrá fuera de su lista de "desastrosos" y aumentará tus probabilidades de ganarte un mejor puesto en la lista de "mejores" para su hija.

equilibrar el tiempo entre tu novia y tus amigos

NECESITARÁS:
- Amigos varones
- Novia

TIEMPO REQUERIDO:
- La vida diaria

Si tus amigos alguna vez te dicen: "Hombre, ¿dónde has estado? Parece que nos hubieras abandonado desde que la tienes a ella", oficialmente puedes declararte en desequilibrio con respecto al tiempo que pasas con tu novia y el que pasas con tus amigos varones. Es que algunos cometen el error de pasar cada minuto de su tiempo con su novia: antes de entrar a la escuela, entre clase y clase, en el almuerzo, al salir de la escuela, los fines de semana, texteando, en las redes sociales... entiendes la idea ¿verdad? En pocas palabras, los hombres saben que lo mejor es el equilibrio. Así que aquí verás cómo puedes mostrarles a tus amigos varones y a tu novia que ambos son parte importante de tu vida.

PASO 1. No se asfixien

La forma más rápida de espantar a una chica es ocupar todo su tiempo libre. Es verdad el viejo dicho: "La ausencia hace crecer el cariño".

PASO 2. Planifiquen el tiempo que pasan juntos

Una vez a la semana planifica una cita con tu novia, a solas los dos. No hace falta que sea algo grandioso o caro. Piensen en algo divertido (ver "Cómo planificar la cita").

PASO 3. Alterna con todos

Deberías poder pasar algo de tiempo con tus amigos varones y tu novia, al mismo tiempo. El poder compartir tiempo por igual con un grupo de amigos es señal de madurez.

PASO 4. Planifica el tiempo que pases sin ella

Si tienes amigos y ella amigas, es importante para la salud social que mantengan las amistades que tenían desde antes. Trata bien a tus amigos y estarán contigo, en caso de que ya no tengas novia.

¿Verdad o ficción masculina?

Antes del romance, amabas a tus amigos

Verdad. Si piensas vivir con tus mejores amigos varones el resto de tu vida, entonces sí, escoge siempre primero a tus amigos varones. Pero si no es así, entonces...

Ficción. La realidad es que hoy tu grupo de amigos varones es genial, pero llegará el día en que tú y una chica muy especial querrán casarse, y lo primero serán ustedes dos, por encima de todo lo demás.

romper respetuosamente con una chica

NECESITARÁS:
- Empatía (ver el glosario)
- Un lugar tranquilo, privado o casi privado

TIEMPO REQUERIDO:
- 30 minutos

Esto puede doler un poco. En realidad, puede doler muchísimo. Sea como sea, hay que hacerlo. Así que, ¿cómo romper con una chica cuando piensas que es una buena persona pero resulta que no es para ti? Estás más cerca de conocer la respuesta de lo que imaginas. Piensa en esto. Respétala como querrías que te respetara ella si fuese quien decidiera terminar con la relación.

PASO 1. **Medita en lo que dirás**

Antes de hablar con ella tienes que saber qué es lo que vas a decirle. Si es necesario, practícalo.

PASO 2. **Elige el lugar**

Decide dónde le hablarás en persona, cara a cara. Elige un lugar lo suficientemente privado para que ella pueda evitar la vergüenza de que otros vean sus emociones. Jamás rompas con una chica por mensaje de texto o por las redes sociales.

PASO 3. **El tiempo lo es todo**

Pocas veces habrá un "buen momento" para romper una relación, pero no empeores las cosas haciéndolo antes de o durante de un acontecimiento importante.

PASO 4. **Respeta sus sentimientos**

Tal vez la chica esté triste, o llore, o se sorprenda, o sienta frustración o hasta puede enloquecer de furia y acusarte de algo. La única persona a la que puedes controlar eres tú. Así que mantén la calma y deja que responda como prefiera, respetando sus sentimientos.

PASO 5. **Mantén lo positivo**

Después de romper con la chica habla solo de los buenos aspectos de tu relación. Han compartido buenos momentos, así que honra esos recuerdos y cuando hables en público, solo habla de lo positivo. Si no hay nada bueno que decir de ella, no digas nada.

¿Sabías que?

La canción de Neil Sedaka de 1962, titulada: "Breaking up is hard to do" ["Es difícil romper una relación"] ocupó el primer puesto en el Billboard Hot 100. Desde que se estrenó en el siglo pasado la han regrabado más de 32 artistas profesionales. Es una canción triste. Pero eso te muestra que el tiempo no cambia el hecho de que es difícil romper con alguien.

MODALES Y HABILIDADES SOCIALES

2

¡Es algo notable! Las redes sociales y sus efectos han pasado de ser una ola en que podías surfear ¡a un tsunami virtual! Apenas crece la popularidad de un sitio que te pide un "Me gusta", surge otra aplicación que te pide "comparte esta foto ahora". La gente puede etiquetar, comentar, *postear* y *repostear*, vincular y seguir a la creciente colección de "amigos" que parecen surgir hasta de debajo de las piedras. Hay quienes incluso piensan que un solo espacio es demasiado poco y se enorgullecen revisando sus múltiples sitios sociales solo para asegurarse de que no se están perdiendo nada o que nadie los pueda echar de menos. Con las cabezas inclinadas y los ojos fijos en los pixeles de alta definición hay muchos chicos que ya ni logran ver la importancia de los modales que se requieren para actualizar sus relaciones cara a cara con la gente que está al lado de ellos.

La red social del hombre se amplía cuando aprende el arte de saludar correctamente, conocer y de veras saber cómo es la gente, lo que suma valor a su vida personal y también profesional. Uno de los hombres que ha dominado el arte de mantenerse conectado es George Toles, el gurú de las relaciones públicas y el mercadeo. Con voz de locutor y magnética personalidad, Toles rara vez estará en algún lugar en el que no conozca a nadie. Es tan receptivo y se interesa tanto en los demás que ha formado una enorme red de auténticas relaciones en países, comunidades, compañías, organizaciones e iglesias del mundo entero.

El secreto de George, su clave para tener tantos amigos, es muy sencillo: "Me presento, los miro a los ojos, les doy un apretón de manos y presto mucha atención a lo que más les interesa. ¿Cuentan historias sobre sus hijos, el trabajo, el deporte o solo quieren hablar de sí mismos? Les hago preguntas sobre su familia, sus amigos, su fe. Intento escuchar, hacer conexión".[1] Cuando George descubre una conexión, le presenta este nuevo amigo a otro de sus amigos que tenga intereses, necesidades y oportunidades parecidas. "De este modo pueden forjar su conexión con otras personas, ampliarla, fortalecerla. Eso, y el hecho de presentarlos, me quita de encima el peso de tener que estar constantemente al tanto. Una vez que los presenté, salgo de escena enseguida".

George ha comprobado que una red valiosa se basa en el establecimiento de relaciones significativas con personas confiables, a las cuales servir, y permanecer en contacto con ellas buscando normalmente agregar valor a sus vidas. Ha seguido este camino para forjar una buena reputación en los negocios, para sanar y proteger lazos familiares, y para hacer legiones de amigos alrededor del mundo. Lo mejor de todo es que George lleva su don con las redes un paso más allá. "Como las personas saben que pueden confiar en que les presentaré amigos útiles, se muestran dispuestas a conocer a mi mejor Amigo, que es la más sabia, más leal, paciente, clemente, influyente y acogedora persona que conozco".

Conoce a George Toles

Fundador de His Deal (www.hisdeal.org), George Toles ha sido disc-jockey, presentador de noticias, animador deportivo de programas televisivos, director de programación, vendedor de radio, gerente de estudio de grabación, narrador comercial, anunciador en estadios de la NBA, propietario de agencia de publicidad y mentor de muchos hombres buenos.

saludar con un apretón de manos

NECESITARÁS:
- Manos limpias
- Una sonrisa franca
- Confianza en ti mismo

TIEMPO REQUERIDO:
- 3 segundos

El apretón de manos es una parte importante de una buena primera impresión. La tradición de estrecharse las manos en señal de saludo data de tiempos medievales, como modo de mostrar que ninguno de los dos llevaba escondida un arma. La tradición sigue siendo válida en nuestros días para quienes entienden lo importante que es la confianza, el respeto y el honor. Saber dar un apretón de manos es una de las formas en que puedes mostrarles a tus nuevos conocidos, maestros, jefes y a los padres de la chica que te gusta, que eres amigable, confiado y respetuoso.

PASO 1. Haz contacto visual

Mira a la persona a los ojos cuando vayas a estrechar su mano. Pero no te quedes mirándolo a los ojos fijamente, como escudriñándolo, porque la asustarás.

PASO 2. Prepárate

Extiende tu brazo y tu mano derecha hacia la otra persona. Con la mano abierta y el pulgar hacia arriba, dirige tu apretón de manos para que esté en línea con el centro de tu cuerpo.

PASO 3. Ve al encuentro a medias

Manteniendo tu brazo extendido un poco doblado a la altura del codo, toma la mano de la otra persona a media distancia entre tu cuerpo y el del otro. La palma de tu mano se encontrará con la de la otra persona, con los dedos extendidos y el pulgar hacia arriba.

PASO 4. Agárrale la mano

Dale un apretón suave, con una leve presión, pero firme. No se permiten apretones flojos, débiles. (Un dato: piensa en que la mano del otro es un pajarito que necesita que lo sostengas con firmeza como para que no vuele, pero no tanto como para aplastarlo.)

PASO 5. El apretón de manos

Con la muñeca firme, levanta tu mano hacia arriba unos cuatro centímetros y lo mismo cuando la bajes. Con una o dos veces bastará.

PASO 6. Suelta la mano

Cuando sueltes la mano, la bajas para que quede en posición natural, al costado de tu cuerpo. No te limpies la mano en los pantalones, ni siquiera si al otro le sudan las manos.

Más info

En muchas culturas el contacto visual es señal de interés y respeto. Sin embargo en otras, mirar a los ojos indica falta de respeto o hasta lujuria. Tendrás que conocer las tradiciones del lugar en que estés, como dice el dicho: "A donde fueres, haz lo que vieres". (Por ejemplo: Si estás en Italia, saluda mirando a los ojos porque si no lo haces, pensarán que estás ocultando algo.)

presentarte

NECESITARÁS:

- Un apretón de manos que muestre confianza
- Una sonrisa amigable

TIEMPO REQUERIDO:

- 30 segundos

A veces tienes que exponerte. En vez de esperar que los demás vengan y se presenten, tendrás que ser proactivo y presentarte. Tu presentación personal muestra confianza en ti mismo y comunica que estás dispuesto a conocer gente nueva, y que te interesa ampliar tu red social en el mundo real.

PASO 1. **Acércate, confiado**

Mantente erguido y con la cabeza en alto al acercarte a la persona que quieras conocer.

PASO 2. **Sonríe**

Una sonrisa amigable es parte de una buena primera impresión.

PASO 3. **Haz contacto visual**

Mira a la persona a los ojos, pero no tan fijo como para que asuste.

PASO 4. **Saluda**

Antes de ofrecerle tu mano para estrechar la suya, preséntate con un saludo que incluya tu nombre, posible relación y razón para presentarte.

Ejemplo: "Hola, me presento. Me llamo Aaron y creo que usted trabaja con mi padre. Él me dijo que usted asistió a la misma universidad a la que yo quiero ir. ¿Podré hacerle algunas preguntas sobre por qué eligió esa universidad y su experiencia allí?"

PASO 5. **Estrecha su mano**

Un apretón de manos con confianza es la forma respetuosa y profesional de mostrar que eres una persona receptiva y amigable. (Ver "Cómo saludar con un apretón de manos".)

Tipo listo

"Ampliar tu red social del mundo real con amigos reales no se parece en nada a coleccionar amigos virtuales en línea. Los amigos reales son gente a la que conoces de veras, gente con la que interactúas en verdad en forma real y con sentido. Rodeado por amigos de verdad un hombre puede hacer casi todo".

—George Toles

presentar a los demás

NECESITARÁS:

- Dos o más personas que necesiten presentarse
- Sus nombres y apellidos grabados en tu memoria
- Algo de información positiva para comunicar sobre cada persona

TIEMPO REQUERIDO:

- 2 minutos

Aprender a presentar a dos o más personas como corresponde es una destreza importante. Cuando las personas que conoces también se conocen entre sí, te haces la reputación de alguien que conecta. Los hombres que conectan a otros entre sí hacen que presentarse no sea incómodo y jamás crean una situación que obligue a nadie a dar inicio a una amistad. Si ven que las cosas se dan, bien. Y si no, muchas gracias por la presentación.

PASO 1. **Muéstrate respetuoso**

Si hay damas en el grupo empieza por ellas. Empieza presentando a la persona mayor y luego a la que le acompaña, y sigue hasta llegar a la persona más joven.

PASO 2. **Usa nombres y apellidos**

Siempre que sea posible presenta a las personas usando su nombre y su apellido.

Ejemplo:

"Entrenador, quiero presentarle a mi padre, Robert Catherman". Luego, pasas a presentar a tu entrenador: "Papá, te presento al entrenador Chris Moore".

PASO 3. **Comunica algo personal**

La gente quiere conocer a los demás y que los conozcan también, así que di algo positivo y personal sobre las personas que presentas para demostrar que las valoras.

Ejemplo:

Empezando por papá: "Entrenador, ¿sabe que mi papá jamás se ha perdido ni uno de mis partidos en estos dos años?" Ahora, pasas a centrarte en el entrenador: "Papá, te enorgullecerá saber que el entrenador Moore se graduó en la misma universidad que tú, donde fue atleta del equipo nacional".

PASO 4. **Reafirma los nombres**

Al afirmar y reafirmar los nombres cuando presentas a alguien estás ayudando a que todos puedan recordar a las personas que están conociendo en ese momento.

PASO 5. **Prepara un escenario en el que todos ganen**

Siempre trata de mostrar una buena razón por la que la gente que presentas podrá encontrar valor al conocer al otro.

Ejemplo:

"Entrenador Moore, recuerdo que usted nos dijo que nos enfocáramos en mantener altas calificaciones en la segunda mitad de la temporada. Bueno, mi papá es ingeniero y me ayuda mucho con la tarea de matemáticas. Y está dispuesto a ofrecerse como tutor de nuestros muchachos dos veces por semana, si a usted le parece bien".

PASO 6. **Retírate del escenario**

Ahora que los has presentado, da un paso atrás y deja que la gente converse. Los presentaste dando nombres, apellidos, información personal y la oportunidad de que todos encuentren algo en común. Ahora deja que sean ellos los que sigan avanzando.

¿Verdad o ficción masculina?

Sacar la lengua puede ser de buena educación

Verdad. Cuando estés en Tíbet recuerda que es de buena educación sacar la lengua cuando te presentan a alguien. La tradición proviene del siglo nueve cuando se descubrió que un cruel rey tibetano llamado Lang Darma tenía la lengua negra. La gente odiaba al rey y temía encontrarse con su reencarnación. Tras su muerte empezaron a sacar la lengua al saludarse, para demostrar que no eran la versión actualizada del monarca.

abrirle la puerta a otra persona

NECESITARÁS:
- Puerta con bisagras

TIEMPO REQUERIDO:
- 5 segundos

Ya sea que estés practicando tus modales caballerescos o que quieras ser educado, abrirle la puerta a otra persona es una buena forma de mostrarte respetuoso y considerado con quienes conoces y también con desconocidos. Es una acción amable que apreciarán tanto tu novia como tu jefe y, tanto literal como figurativamente, ayudará a "abrirte puertas" en el futuro. Hacerlo bien depende de que sepas por qué, cuándo y cómo empujar, halar o pasar por la puerta.

PASO 1. **Saber por qué y cuándo**

¿Por qué? Porque eres un hombre considerado, respetuoso, paciente, que piensa en los demás, humilde y bueno en general, que trata a los demás del mismo modo en que quieres que te traten a ti. ¿Cuándo? Toda vez que tu hermana, tu mamá, tu abuela, tu novia o su hermana, mamá, abuela o para el caso, la hermana, madre o abuela de cualquier otra persona pasen por la misma puerta por la que estás pasando tú. Lo mismo, con tu jefe, tus colegas y clientes, con tu entrenador, maestro, director, reemplazante, portero y, en especial, por la señora de los almuerzos. Básicamente, abre la puerta para que pase quien sea y toda vez que tengas la oportunidad de servir a los demás.

PASO 2. **Identifica hacia qué lado se abre la puerta**

¿Derecha o izquierda, hacia dentro o hacia afuera? Mira el picaporte y las bisagras: por ejemplo, si las bisagras se ven y el picaporte está a la derecha entonces la puerta se abrirá hacia ti y hacia la izquierda. Si no ves las bisagras significa que debes empujar para abrir. Y una barra horizontal de lado a lado de la puerta indica que tienes que empujar.

PASO 3. **No te tardes**

Tendrás que adelantarte uno o dos pasos a la persona a quien le abrirás la puerta. Evita rodear a la persona con tu brazo para abrir la puerta porque eso le quitará espacio y la otra persona se verá obligada a retroceder, incómoda.

PASO 4. **Abre la puerta**

Cuando abras la puerta hacia ti, deja que la otra persona pase primero y luego pasas tú. Cuando abras empujando, pasa primero y sostén la puerta abierta hasta que la otra persona haya pasado y se pueda cerrar la puerta.

PASO 5. **No hagas esperar al otro**

No estás obligado a sostener la puerta para que pasen todos los que están detrás de ti. Es señal de amabilidad sostener la puerta abierta para que pasen algunas personas pero para quien abre la puerta a una hilera de desconocidos, en general, hay un salario. Es de mala educación dejar que quien está contigo tenga que esperarte después de pasar. Así que deja que la puerta se cierre cuando haya unos pasos de distancia entre tú y el siguiente varón que quiera pasar.

¿Sabías que?

Existen los abre puertas automáticos desde hace más de 2.000 años. El estudioso griego Herón de Alejandría, conocido también como "Hero" fue un matemático, ingeniero y escritor a quien se le acredita la invención del primer abre puertas automático que se conoce. Construyó un aparato brillante, con pesas hidráulicas, sogas y poleas para abrir las puertas de la ciudad y las del templo cuando llegaban las primeras personas por la mañana.

---

poner la mesa

NECESITARÁS:
- Platos
- Cubiertos
- Vasos
- Servilletas

TIEMPO REQUERIDO:
- 30 segundos

Siéntate a comer. Si bien la comida que se pide a domicilio es divertida para los amantes de los videojuegos que comen en el sofá, o para los fanáticos de los deportes, hay otras comidas que saben mejor cuando uno se sienta a la mesa. Al poner la mesa estás invitando informalmente a tus familiares y amigos a sentarse y saborear el tiempo que pasan juntos mientras disfrutan de una rica comida.

PASO 1. Ubica el plato

Coloca el plato a unos dos o tres centímetros del borde de la mesa, directamente frente al lugar donde se sentará la persona.

PASO 2. Ubica el plato de pan o ensalada

Si se servirá ensalada o pan, ubica el plato más pequeño un poco más arriba y a la izquierda del plato principal.

PASO 3. Ubica los tenedores

Los tenedores van a unos dos centímetros a la izquierda del plato. El de la comida principal va más cerca del plato y el tenedor para ensalada va a continuación, al lado de este.

PASO 4. Ubica el cuchillo

Los cuchillos se ponen a unos dos centímetros a la derecha del plato. Con el lado filoso hacia el plato.

PASO 5. Ubica la cuchara

Las cucharas van a la derecha del cuchillo.

PASO 6. Ubica el vaso de agua

Los vasos para agua van a la derecha del plato, un poco más arriba, por encima del cuchillo.

PASO 7. Ubica la servilleta

Las servilletas van a la izquierda de los tenedores.

PASO 8. Un puesto para cada quien

Por cada comensal harás lo mismo, tomando una distancia de más o menos 50 centímetros entre persona y persona.

Tipo listo

"Los padres de tu novia conocen técnicas capciosas para probar si eres lo suficientemente bueno como para salir con su hija. Una de ellas es invitarte a cenar y pedirte entonces que ayudes a poner la mesa. El simple hecho de que sepas de qué lado van el tenedor y el cuchillo les impresionará. Eso y comer con la boca cerrada".

—Jonathan

pedir la comida
del menú

NECESITARÁS:
- Restaurante
- Menú

TIEMPO REQUERIDO:
- 3 minutos

No ordenamos más por número de plato. Cualquiera podría elegir el número 3 maxi, viendo la foto perfecta de un riquísimo plato en el menú pegado a la pared. Es hora de ser hombre, de sentarte y cubrirte el regazo con la servilleta de género y ordenar lo que muestra la carta o menú que tomas con las manos. Es cierto:

comer en un restaurante con menú lleva más tiempo y preparativos. Lo bueno es que lo mismo sucede con la comida que ingerirás. Súmale a esa experiencia el ambiente, los amigos y tres platos de comida que saborearás. Tal vez descubras que pedir comida con un menú se convierte en tu nueva forma preferida de salir a comer.

PASO 1. **Pide las bebidas**

Primero tienes que pensar en las bebidas. Comienza primero por lo que piden las damas y, si alguien desea agua, pídala ahora porque hay restaurantes que no sirven agua a menos que el cliente la requiera.

PASO 2. **Revisa todo el menú**

Repasa todo el menú. Al principio suele haber una lista de aperitivos o platos de entrada. Luego hay una lista de platos principales y guarniciones o acompañamientos. Y finalmente está la lista de postres. Trata de elegir lo que comerán antes de que vengan a anotar su pedido.

PASO 3. **Compartan los aperitivos**

Si les gusta algún aperitivo en especial, pregúntales a los que están contigo si les gustaría compartirlo o pedir otra cosa.

PASO 4. **Pregunta sobre el plato del día**

Pregunta sobre el especial del día. Después de la descripción de los platos pregunta el precio de los especiales que puedan gustarte. Recuerda que a veces los especiales pueden ser más caros que los platos de entrada comunes del menú.

PASO 5. **Pide las entradas**

Empezando por las damas, haz el pedido de los platos de entrada. Asegúrate de haber leído y elegido los platos que acompañan tu comida. Si en tu selección hay ensalada, elige qué te gustaría agregar para prepararla (aceite, vinagre, sal, etc.).

PASO 6. **Piensa en el postre**

Cuando hayan terminado de comer, piensa en el postre. En casi todos los restaurantes se acepta que dos personas compartan el postre.

¿Verdad o ficción masculina?

Los menús de los restaurantes pueden hacer que te sientas mal.

Verdad. Quizá cuando leas el menú del restaurante pienses: "¡Puaj!" El pescado con calabaza especial se ve horrible. Pero ¿has pensado que el menú que tienes en las manos en realidad puede enfermarte? Son pocos los restaurantes que limpian sus menús, eso significa que las manos sucias de otros comensales han tocado el mismo menú que tienes ahora entre las tuyas. Tocas el menú, tocas tu comida y te pones esa comida en la boca. No puedes evitar tocar el menú, pero sí podrás evitar que entre en contacto con tu plato o tus cubiertos. Eso y piensa seriamente en lavarte las manos después de pedir la comida.

saber qué propina dejar

NECESITARÁS:
- Buen servicio
- Dinero

TIEMPO REQUERIDO:
- 30 segundos

La práctica de dejar propinas ha formado parte de la industria de la hospitalidad por varios siglos. Digamos que la propina podría considerarse como incentivo para asegurar presteza o rapidez. Hace unos años se daba antes del servicio para asegurar que quienes la daban recibían mejor servicio que quienes no lo hacían.

Hoy se da propina después del servicio en muestra de aprecio por la pronta atención y el buen servicio.

PASO 1. Evalúa el servicio

Piensa en la calidad del servicio brindado. ¿Era mejor, igual o peor de lo que esperabas?

PASO 2. Haz el cálculo

En promedio, por un servicio normal la propina es el 15% del total, antes de aplicar descuentos o cupones. Eso significa que si la cuenta es de $25.00 tu propina será de $ 3.75.

Menos de lo esperado = 10%
Servicio promedio = 15%
Más de lo esperado = 20%

PASO 3. Deja la propina

Cuando pagues suma la propina al total. Si pagas con efectivo, deja el dinero de la propina sobre la mesa.

Más info

¡Bien por ellos! Hay restaurantes que automáticamente suman la propina o "servicio de cubierto" a la cuenta si tu grupo es de 5 o más personas.
¿A quién le corresponderá?
- Personal de servicio = 10% a 20% del total, previo a impuestos
- Ayudante del estacionamiento = $ 1.00 a $ 3.00
- Asistente de guardarropas = $ 1.00 por abrigo
- Asistente del baño = $ 1.00
- Personal de reparto de comidas a domicilio = 15%
- Cafetería = 5% a 10%

envolver un regalo

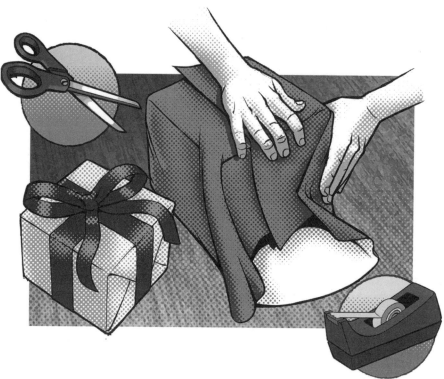

NECESITARÁS:

- Un regalo
- Una caja para el regalo
- Papel de envolver, pertinente a la ocasión
- Cinta adhesiva
- Tijeras
- Cinta o moños (lazos) autoadhesivos

TIEMPO REQUERIDO:

- 5 minutos

"Bueno, la intención es lo que vale" es la excusa cuando el regalo está mal envuelto. ¡No amigo! La presentación es importante y un regalo bien envuelto será admirado antes de que lo abran. Envuelve el regalo bien y quien lo reciba (en especial, las chicas) guardará el papel perfecto como recuerdo de tu consideración. Es bueno eso. Con solo unos pocos consejitos y algo de práctica también tú puedes aprender a envolver bien un regalo.

PASO 1. Reúne tus materiales

Sobre una superficie plana, ubica el regalo, la caja, el papel de envolver, la cinta adhesiva, la cinta del moño y las tijeras.

PASO 2. Pon el regalo en la caja

Ubica el regalo en una caja de tamaño adecuado. Si es algo frágil, rellena con papel suave o algodón para que no se rompa.

PASO 3. Mide el papel para envolver

Desenrolla el papel de envolver y mide, para que sea un poco más grande que la distancia que rodea a la caja.

PASO 4. Corta el papel de envolver

Usa las tijeras para cortar el papel que necesitas. Trata de hacer un corte lo más recto posible.

PASO 5. Corta los bordes

Corta los bordes del papel para que no superen la altura de la caja cuando la envuelvas.

PASO 6. Envuelve la caja

Ubica la caja boca abajo en el medio del papel de regalo. Cubre la caja, primero con un lado, luego con el otro y pega con cinta adhesiva, apenas pasando el centro del fondo de la caja. Haz lo mismo con el otro lado, doblando además el borde para que no se vea dónde cortaste el papel.

PASO 7. Envuelve un lado

Elige uno de los dos lados de los costados y dobla el papel para que se encuentren con el costado de la caja. Se formará dos triángulos de papel, que doblarás para cubrir el costado. Levanta la tapa restante para cubrir el lado de la caja, dobla el borde, usa la cinta.

PASO 8. Envuelve el otro lado

Repite el paso 7 con el otro lado de la caja.

PASO 9. Agrega la cinta o moño

Agrega el detalle de un lindo moño autoadhesivo o, si te anima el desafío, envuelve primero la caja con la cinta y luego ata los extremos formando un lindo moño.

Tipo listo

"Le compré a mi hermano papel de envolver regalos para Navidad. Lo llevé al lugar donde envuelven los regalos y les dije que lo envolvieran, pero con un papel diferente para que supiera cuándo dejar de desenvolver".

—Steven Wright,
comediante, actor y escritor estadounidense

limpiar el baño

NECESITARÁS:

- Guantes de goma
- Limpiador para la ducha
- Limpiador de ventanas
- Limpiador de inodoro
- Desinfectante
- Cepillo para el inodoro
- Paños de microfibra o toallas de papel
- Escoba y palita
- Limpiador para pisos
- Mapo y cubo

TIEMPO REQUERIDO:

- 15 a 30 minutos

Es probable que tu casa sea tu castillo, pero la limpieza de tu trono es la verdadera expresión de tu reino. El modo en que mantengas el baño podrá impresionar bien a tus invitados o darles asco. Quizá hasta miren lo que guardas en el botiquín para saber un poco más de tu vida, pero lo que seguramente notarán es la marca negra del agua en el excusado y las manchas de dentífrico seco en el espejo. Limpiar el baño no solo es algo saludable sino una buena forma de mantener una buena reputación como jefe de casa.

PASO 1. Ordena el baño

Quita todo lo que no pertenezca al baño y ubícalo en su lugar.

PASO 2. Friega la ducha y la bañera

Quita todo lo que haya en el cubículo de la ducha y rocía limpiador de ducha. Friega las paredes y el piso con movimientos circulares, desde arriba hacia abajo. Rocía toda el área con agua para sacar el líquido limpiador y seca todo con un paño húmedo. Limpia también los grifos y el cabezal de la ducha.

PASO 3. Limpia el inodoro

Con los guantes puestos, vierte limpiador de baño alrededor del borde del inodoro o retrete y usa el cepillo para fregar el interior, incluyendo por debajo del borde interior. Usa el desinfectante para rociar la parte exterior, incluyendo el asiento por arriba y por debajo. Usa una toalla de papel y seca toda la superficie. Quítate los guantes antes de seguir limpiando el resto del baño.

PASO 4. Pule el espejo

Usa limpiador para ventanas y rocíalo sobre el espejo. Seca con un paño limpio o toallas de papel.

PASO 5. Limpia alrededor del lavabo

Usa un limpiador desinfectante para limpiar el lavabo, la superficie de apoyo, los grifos, etc. Usa un paño limpio o toalla de papel y seca todo enseguida para evitar que quede manchado.

PASO 6. Limpia el piso

Comienza por el rincón más alejado de la puerta y barre el piso acercándote hasta ella. Lo mismo, para limpiar con el mapo.

PASO 7. Saca la basura

Vacía el contenedor de residuos y asegúrate de que quede limpio por dentro.

¿Sabías que?

Cierra la tapa del inodoro antes de apretar el botón. Cuando el agua cae a presión algunas gotas diminutas de agua, orina o materia fecal pueden saltar hacia el exterior. Por esa razón, justamente, es mejor guardar tu cepillo de dientes en un cajón o mantenerlo tan lejos del inodoro como te sea posible.

hacer la cama

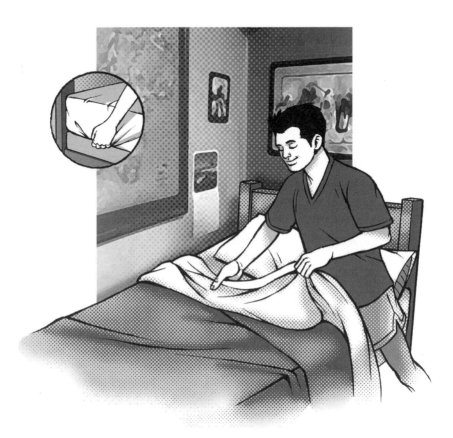

NECESITARÁS:
- Sábana ajustable
- Sábana de arriba
- Manta o cobertor
- Almohadas
- Fundas de almohadas

TIEMPO REQUERIDO:
- 1 a 3 minutos

¿Por qué tendría que hacer la cama uno si más tarde volverá a acostarse allí? Es porque el cuarto de un hombre de verdad se ve prolijo, no como si hubieras estado en la guerra por una pesadilla toda la noche. Solo toma un minuto hacer la cama y el resultado es mucho mejor que dejar que tus amigos vean la almohada manchada de saliva y las sábanas de colección con naves espaciales. Sí, sí, lo sabemos. Es que las tienes desde que eras pequeño. Bueno, tal vez haya llegado el momento de ser hombre, comprar un nuevo acolchado o cobertor y empezar a hacer tu cama.

PASO 1. Ubica la sábana ajustable

Toma la sábana y tira de las esquinas con elástico para cubrir cada una de las esquinas del colchón.

PASO 2. Extiende la sábana de arriba

La parte que va en la cabeza tiene un borde más ancho y debe estar en línea con la cabecera de la cama, en tanto que la parte inferior debe colgar desde el borde del colchón donde van los pies.

PASO 3. Ajusta la sábana de arriba

Desde la parte de los pies, levanta una de las esquinas del colchón y mete debajo la parte de la sábana que cuelga. Repite este proceso del otro lado.

PASO 4 (OPCIONAL). Extiende la manta

Si te gusta dormir abrigado, repite el paso 3 con una manta.

PASO 5. Extiende el cobertor

Asegúrate de que los lados del cobertor caigan parejos de uno y otro lado de la cama. Lo mismo en la parte de los pies.

PASO 6. Las almohadas

Mete las almohadas dentro de las fundas. Acomoda las almohadas y ubícalas donde va la cabeza.

Más info

Es buena idea reemplazar tu almohada una vez al año. En verdad, en dos años de uso continuo un tercio del peso de tu almohada está compuesto por piel muerta y ácaros, además de sus heces. ¡Un asco! Así que compra una almohada nueva y realmente dormirás bien... ¡como un bebé!

TRABAJO Y ÉTICA

3

"Escoge un trabajo que te guste y no tendrás que trabajar ni un solo día en toda tu vida". El filósofo chino Confucio afirmó esto hace más de 2.500 años. Sus palabras siguen siendo válidas desde el siglo 5 a.C. puesto que son ciertas. Ir a trabajar es algo bueno cuando al hombre le encanta lo que hace. Pero, ¿cómo conseguir esa clase de trabajo? La respuesta puede hallarse en la sabiduría de dos filósofos del siglo veintiuno que vuelven a la verdad sobre el amor al trabajo, que data de mucho antes de Confucio. ¿Cuánto antes? Bueno, desde el primer hombre que trabajó en la historia.

> *El trabajo es bueno. En especial cuando lo que hace un hombre está en el punto de intersección de su mayor talento y su pasión más grande. Dios le dio a Adán el trabajo de atender el jardín. Y a Adán ese trabajo le gustó porque formaba parte del propósito para el que fue creado.*[1]

Según el equipo de tipos listos de hoy, formado por Jason y David Benham, el secreto de que te guste tu trabajo está en encontrar el trabajo adecuado, que apele tanto a los talentos que Dios te dio como a tu pasión por la vida. Por supuesto que si funcionó para el primer hombre de la historia ¿podremos lograr que funcione para el hombre de hoy? Para responder esta pregunta vamos a mirar de cerca la vida particular y profesional de los hermanos Benham, para ver si de veras hacen lo que predican.

Jason y David son gemelos, emprendedores seriales y socios fundadores de las Compañías Benham. A ellos les encanta tanto su trabajo que dicen: "Nos cuesta creer que en realidad nos paguen por hacer lo que hacemos". Asienten juntos cuando David explica: "Amamos nuestro trabajo puesto que, en su forma más básica, es simplemente hacer aquello para lo que Dios nos creó".

Su exitosa historia incluye hacer todo —la vida, los deportes y los negocios— juntos. Siempre bromean en cuanto a que compartieron el vientre, el cuarto, el campo de juegos y, ahora, la oficina. Su historia también incluye un resultado real de fracasos compartidos. Llegar a la cima, caer al fondo y volver a escalar una vez más les ha enseñado a estos gemelos algunas lecciones importantes sobre qué cosas funcionan y qué cosas no. Al reflexionar en su pasado ven que su mayor nivel de éxito no llegó sino hasta la segunda temporada de sus carreras profesionales.

Los primeros empleos de los gemelos eran un tanto ambiciosos, porque a los dos los reclutaron como jugadores profesionales de béisbol apenas terminaron los estudios universitarios. Un par de primaveras más tarde se encontraron vistiendo uniformes idénticos de la organización de los Cardenales de San Luis. Tras cuatro años jugando, los hermanos se retiraron para vivir fuera del campo de los sueños.

"La fama es pasajera", admiten los hermanos. Su descenso desde las alturas del béisbol profesional a lo más bajo del esfuerzo y el trabajo diario sucedió rápido y fue más difícil de lo que ambos esperaban. David encontró empleo limpiando aulas en una escuela secundaria mientras Jason trabajaba como vendedor para complementar sus ingresos. Pero aunque estaban agradecidos porque tenían un salario, ninguno de los dos se sentía pleno con el trabajo que hacía; los dos sentían que la vida les jugaba una mala pasada. No fue sino hasta que recordaron el consejo de su padre —que trabajaran a partir de sus valores más profundos—, que pudieron hacer un jonrón en su vida profesional:

Chicos, existe un conjunto de valores esenciales en la vida. Si los tienen y son valores que representan lo que ustedes son, ya no importará qué trabajo hagan puesto que lo harán de manera excelente. No importa si barren o batean una bola, porque lo harán con excelencia. Lo que hagan en el trabajo no los define como hombres. Lo que los define como hombres es lo que ustedes son mientras estén trabajando.

El padre de Jason y David les había dicho eso mucho antes de que recibieran una paga por jugar béisbol o barrer aulas. No importaba si eran grandes profesionales o desconocidos. Ellos no diferían del primer hombre trabajador que pisó la tierra. Todo hombre en la historia ha enfrentado las mismas opciones en cuanto a por qué y cómo se esfuerza trabajando:

Opción número 1: Vivir de acuerdo a un conjunto de valores esenciales y decidir que trabajarás con excelencia, no importa cuál sea la tarea.

Opción número 2: Conseguir un trabajo para que te paguen y pasar cada día de labores contando las horas hasta que llegue el momento de volver a casa.

Tras considerar eso con atención, los hermanos Benham eligieron sabiamente y escogieron la opción número 1. Uno y otro, se dedicaron a los tres valores esenciales (ver más abajo) y ambos decidieron trabajar con excelencia, sin importar qué tarea cumplieran. David limpiaba la escuela secundaria como si se tratara de una acción de adoración, en tanto que Jason completaba cada tarea como si estuviera trabajando

Tres valores esenciales

El secreto del éxito de los hermanos Benham comenzó cuando decidieron seguir tres valores centrales que aprendieron cuando eran niños y que hoy viven como hombres que son. Esos valores son simples pero profundos y representan lo que ellos son, tanto en lo particular como en lo profesional.

Valor esencial número 1: *Ser fiel en las cosas pequeñas.* Al hacer esas partes de tu trabajo que parecen insignificantes, puedes ganarte la confianza que hace falta para ser responsable de cosas más importantes. A continuación veamos tres ejemplos:

- Vístete para ir al trabajo de modo que representes a la compañía de manera correcta.
- Sé puntual y, cuando te sea posible, llega unos minutos antes.
- Haz tu trabajo sin que tengan que recordarte o pedirte que sigas trabajando.

Valor esencial número 2: *Ser fuente, no desagüe.* Trabaja de modo que a tu empleador le produzcas mayor valor financiero del que esperas llevarte a casa en forma de salario. Es la única forma de que una empresa siga adelante. A continuación tenemos tres ejemplos:

- Haz tu mejor trabajo aun cuando sientas que mereces que te paguen más.
- Guarda tu teléfono celular hasta la hora del descanso, el almuerzo o la salida. No te pagan por enviar mensajes de texto, postear, jugar ni navegar en Internet.
- Nunca robes a tu empleador. Hay estudios que muestran que los empleados roban en las tiendas donde trabajan más que los "clientes ladrones" ocasionales.

Valor esencial número 3: *La diligencia es la preciosa posesión del hombre.* Enorgullécete por tu trabajo y tendrás gran recompensa. Además de que te paguen, sentirás gran satisfacción cuando hagas las cosas bien. A continuación veamos tres ejemplos:

- Trabaja como si fueses accionista de la empresa. Algún día podrías llegar a serlo.
- Trabaja duro, esté presente el jefe o no.
- Siempre, siempre, siempre, haz lo correcto aun cuando nadie esté viéndote.

para un rey. La excelencia se convirtió en su afán y los dos empezaron a sentir la carga de trabajar sus turnos. "Era como si nos hubieran sacado un peso de encima. Seguíamos trabajando duro, de veras, pero el trabajo se volvía un disfrute al saber que laborábamos por algo más que solo nosotros mismos".

David y Jason aprendieron la realidad sobre el trabajo, de la forma más difícil. En sentido literal. Con el tiempo empezó a darse una transformación en sus vidas profesionales y particulares. Por eso no le sorprendió al padre de ambos cuando la excelencia de sus hijos tuvo reconocimiento y volvieron a convocarlos para las grandes ligas. Pero esta vez no se pusieron el uniforme ni fueron al campo para jugar al béisbol. Más bien, llevaban trajes de sastre y se dispusieron a transformar vidas en el negocio inmobiliario. En tan solo cinco años sus nombres empezarían a aparecer en los primeros lugares de las más importantes publicaciones comerciales, como: *Inc.*, *Entrepreneur*, Ernst & Young, *Wall Street Journal* y Business Leader Media. La calidad de su trabajo y la potencia de su carácter les había hecho ganadores de una posición profesional reconocida en todo el mundo.

Hoy los hermanos Benham han llegado a la más alta posición. Juntos, son empresarios internacionales, líderes industriales, pero siguen viviendo y trabajando basados en los mismos tres valores centrales que datan de los tiempos de Adán. Trabajar en ese punto de intersección entre el mayor talento y la más grande pasión ha transformado su misión; por lo que aman su trabajo: "Nuestra meta es presentarles el desafío a los empresarios, dueños de negocios y gerentes, para que se unan a nosotros y les den a sus equipos la posibilidad de entender que la razón de estar aquí es para ayudar a los demás. ¡Fuimos creados para ser bendición a otros!"

Conoce a los hermanos Benham

Para conocer más sobre el compromiso de los hermanos Benham con los valores esenciales, los negocios, la vida o su nuevo emprendimiento que se llama *missioneering*, visita su sitio: www.benhamcompanies.com

solicitar un empleo

NECESITARÁS:

- Un formulario de solicitud de empleo
- Tu currículo y carta de presentación
- Teléfono

TIEMPO REQUERIDO:

- Variable

> El trabajo duro pone de relieve el carácter de las personas; algunos se arremangan la camisa, otros ponen mala cara y aun otros ni siquiera lo aceptan.
>
> —Sam Ewing, ex jugador profesional de béisbol de los Chicago White Sox y los Toronto Blue Jays

PASO 1. Contacta al empleador

Llama al empleador y pregunta sobre los empleos disponibles. Si hay oportunidades, aclara con él de qué manera puedes presentarte. Anota el nombre del gerente al que tienes que ver para enviar toda futura correspondencia a la persona indicada.

PASO 2. Llena el formulario (o planilla)

Hoy muchas empresas tienen formularios en sus sitios Internet para que los empleados potenciales los completen en línea. Otras podrán pedir que retires el formulario en persona, por lo que tendrás que vestirte adecuadamente. Llena todo el formulario (ver "Cómo llenar un formulario").

PASO 3. Redacta tu currículo

Si es necesario prepara tu currículo y tu carta de presentación para incluirlo al enviar el formulario.

PASO 4. Revisa y corrige

Lee de nuevo tu currículo, la carta de presentación y el formulario que completaste antes de entregarlo, y asegúrate de que no contengan errores. Es esencial para dar buena impresión ante la persona que te entrevistará.

PASO 5. Presenta tus papeles

Cuando sea posible presenta tus papeles EN PERSONA (a menos que el empleador solo acepte que los envíes por correo electrónico o a través de sitio web de la empresa). Vístete y actúa de manera profesional para dar una buena primera impresión. Recuerda que vestir como profesional significa que llevarás ropa adecuada para la tarea, tal como lo prefiere el empleador, no como te dé la gana.

PASO 6. Haz el seguimiento

Cuando hayan pasado varios días después de haber presentado tus papeles, contacta al empleador y pide hablar EN PERSONA con el gerente a cargo de la contratación. Confirma que hayan recibido y leído tus papeles, y mantente siempre dispuesto a responder las preguntas que formule el gerente.

¿Sabías que?

Que postees tu currículo en línea en un portal de Internet no va a ser suficiente. En promedio, más o menos se postean medio millón de currículos en los portales más importantes, cada semana. La mejor forma de llegar a estar entre los que serán contactados es lograr que el empleador te vea, en persona.

llenar el formulario (o planilla) al solicitar empleo

NECESITARÁS:

- Un formulario en blanco
- Lapicero con tinta negra o azul
- Referencias profesionales o personales
- Al menos un documento de identidad

TIEMPO REQUERIDO:

- 30 a 45 minutos

Pocas veces tendrás una segunda oportunidad para dar una primera impresión y tu formulario de solicitud de empleo es justamente eso: una primera impresión. Los formularios de solicitud de empleo le dan a tu potencial empleador un vistazo general de quién eres y qué has hecho hasta ahora. Por eso, lo mejor es completarlo, ser minucioso y profesional.

PASO 1. Apunta al mercado

Vas a tener que caminar bastante para encontrar un empleo así que antes de hacerlo, planifica y podrás ahorrar tiempo y dinero de combustible del auto. Repasa los pasos 1 y 2 de "Cómo solicitar un empleo".

PASO 2. Vístete para dar una buena impresión

Cuando estés llenando los formularios y entregándolos, asegúrate de ir bien vestido. Es posible que hasta te hagan pasar a conversar en una entrevista con el gerente, incluso de inmediato (ver "Cómo solicitar un empleo").

PASO 3. Lee todas las instrucciones

Lee cuidadosamente todas las instrucciones antes de empezar a llenar el formulario, de modo que sepas que has entendido todas las preguntas.

PASO 4. Llena el formulario

Utiliza un lapicero y completa el formulario en forma detallada y con sinceridad. Detalla tu historial laboral en los casilleros correspondientes. Te pedirán dos o tres referencias. Describe tu relación y brinda información de contacto para cada referencia (ver "Cómo pedir referencias").

PASO 5. Incluye documentos complementarios

Para verificar tu identidad el empleador podrá pedirte una fotocopia de tu documento de identidad.

PASO 6. Revisa

Si no hay errores en tus papeles y verificas que no tengan equivocaciones podrás dar una buena impresión ante el gerente a cargo de las contrataciones.

PASO 7. Entrega los papeles

Del mismo modo en que lo hiciste al retirar el formulario, vístete de manera adecuada ya que podrían invitarte a pasar a una entrevista o para hablar con el gerente.

¿Verdad o ficción masculina?

La ortografía y la gramática no cuentan si el empleo tiene que ver con trabajo físico.

Ficción. En verdad, unos pocos errores ortográficos probablemente no hagan que tus papeles terminen en el archivo circular (el basurero), pero si cometes muchos, es seguro. Cuando tengas dudas, verifica la ortografía antes de completar los formularios.

entrevistarte para obtener empleo

NECESITARÁS:
- Tu currículo
- Lista de referencias
- Cartas de recomendación
- Vestimenta adecuada para la entrevista
- Lista de preguntas
- Nota de agradecimiento

TIEMPO REQUERIDO:
- Varía, entre 10 y 30 minutos

L legaste hasta la puerta. ¡Felicitaciones! Ahora vas a estar cara a cara con tu jefe potencial, por lo que necesitas que te vaya bien en la entrevista. Así que vístete para dar una buena impresión, recuerda tus buenos modales, y toma en cuenta que se trata de momentos valiosos. Prepárate de antemano y es posible que salgas de allí con un empleo.

PASO 1. Analízate

Determina qué tipo de trabajo te interesa. Define tus capacidades y calificaciones.

PASO 2. Encuentra la oportunidad de empleo

Busca un aviso de empleo que tenga que ver con tus intereses, capacidades y calificaciones.

PASO 3. Investiga sobre la empresa

Recoge información sobre los objetivos de la empresa, sus parámetros laborales y las calificaciones requeridas para el empleo, de modo que puedas determinar si encajas bien con el entorno de trabajo.

PASO 4. Prepárate

Practica antes de la entrevista para sentirte seguro y confiado cuando llegue el momento. Organiza tu carpeta profesional con una copia de tu currículo, la lista de referencias y al menos una carta de recomendación.

PASO 5. Vístete para dar una buena impresión

Escoge ropa adecuada para la entrevista. Que coincida más o menos con los parámetros profesionales de la compañía. No te pongas tu camiseta de la suerte, ni tu favorita, ni pantalones que cuelguen, ni gorro, ni capucha, ni audífonos, ni perfume, ni cadenas atadas al cinturón, ni collares "de oro" que se vean por fuera de la camisa.

PASO 6. Mantén la concentración

Durante la entrevista escucha con atención y responde con claridad todas las preguntas del entrevistador. No añadas detalles innecesarios a tus respuestas.

PASO 7. Formula preguntas buenas

Prepárate para preguntarle al entrevistador sobre aspectos profesionales como la tarea específica, el horario de trabajo y las expectativas que tienen con respecto al rendimiento.

Después de la entrevista haz llegar al administrador una nota de agradecimiento. Es tu oportunidad para recordarles sobre tus calificaciones y lo que hace que seas la persona indicada para el puesto.

Tipo listo

"No es que tengas que llevar traje formal, pero sí necesitas vestirte adecuadamente para la entrevista. Tus aretes o tatuajes no tienen por qué mostrarse, pero sí tu seguridad y tu confianza, tu buena disposición para aprender y tu orgullo por el trabajo cumplido".

—Gino Quintana,
gerente de servicios al huésped,
Hilton Hotels & Resorts,
Hilton Houston North

pedir un aumento de salario

NECESITARÁS:

- Conocer los salarios equivalentes a tu puesto
- Una lista de tus logros como para mostrar que mereces el aumento

TIEMPO REQUERIDO:

- 30 minutos

Así que ha llegado el momento en que piensas que tienen que aumentarte el salario. Bueno, ponte en la fila, la larga, larga fila. Casi la mitad de todos los que trabajan también creen que merecen más, pero son pocos los que tienen la actitud proactiva que hace que eso se haga realidad. La mayoría de los empleados esperan a que la compañía aumente los salarios y se sienten subestimados si el jefe no lo hace. La mejor forma de aumentar tu salario es salir de la larga lista "de espera" a la corta fila de "los que piden". Si eres razonable, confiable, buen trabajador y llevas en el puesto más que unos pocos meses, tal vez haya llegado el momento de pedir aumento de salario. Y recuerda: el que no pide, no consigue.

PASO 1. Investiga

Determina cuánto ganan otras personas que ocupan un puesto igual al tuyo.

PASO 2. Evalúa el ambiente en el lugar de trabajo

Esfuérzate por ver si este es el momento adecuado para que la compañía te aumente el salario.

PASO 3. Pide una cita

Cuando le pidas un aumento a tu jefe, tienes que hacerlo en persona. Jamás por teléfono, mensaje de texto ni correo electrónico.

PASO 4. Prepárate para la reunión

Define tus logros y con toda confianza presenta las razones por las que la calidad de tu rendimiento vale más de lo que hoy te están pagando.

PASO 5. Reúnete con tu jefe

En persona, presenta con claridad tu pedido ante tu jefe. Prepárate para la decisión que tome, sea cual fuere.

¿Sabías que?

Se requiere que los empleadores les paguen a sus empleados un salario mínimo que cumpla con lo establecido en la ley federal o más. Pero algunos estados permiten que los empleadores incluyan el dinero de las propinas en el cálculo del salario del empleado. Cuando pidas un aumento en la industria del servicio, aclara de qué manera impactaría ese aumento en el total de la suma de tu salario y tus propinas.

pedir un ascenso

NECESITARÁS:

- Registro que demuestre tu éxito en el puesto actual
- Que haya un puesto abierto en la empresa
- Que entiendas con claridad cuáles son tus puntos fuertes en lo profesional

TIEMPO REQUERIDO:

- 15 minutos

¿Quieres saber cuál es la mejor forma de que te den un ascenso? No hay ciencia espacial en esto (a menos que trabajes para la NASA). Por definición, el ascenso es una mejora, un avance, un puesto más elevado. Así que la mejor forma de conseguir uno es exigirte un poco más a ti mismo. Eso significa que te comprometes a hacer lo mejor que puedas en el puesto que ya tienes. Cuando cumplas con tu tarea casi a la perfección, tu jefe podrá notar que estás listo para subir un peldaño más y enfrentar un nuevo desafío.

PASO 1. **Considera el ambiente**

Si la empresa está despidiendo gente, es probable que no sea buen momento para hablarle a tu jefe de un ascenso.

PASO 2. **Determina la necesidad**

Si hay un puesto disponible puedes optar por el empleo. Si no lo hay, determina qué es lo que necesita la compañía y de qué modo podrías cubrir esa necesidad.

PASO 3. **Evalúa tus puntos fuertes**

Destaca tus aportes a la empresa y prepárate para presentarle esa lista a tu jefe.

PASO 4. **Habla con tu jefe**

Pide una cita cara a cara con tu jefe, para que puedan hablar de tu potencial ascenso.

PASO 5. **Sé específico**

Define la necesidad que tiene la compañía y de qué modo tú serías la mejor persona para cubrir el puesto. Anticipa las preguntas que pueda hacerte tu jefe y prepárate para defender tu solicitud.

PASO 6. **Espera hasta que decidan**

No presiones a tu jefe. Dale tiempo para que tome la decisión. Mantén una buena actitud y buena ética de trabajo, no importa qué sea lo que decida.

Tipo listo

"El secreto de mi éxito en los negocios es que aprendí a confiar en el cliente y a respetarlo, además de que me caiga bien".

—Peter Georgescu

El señor Georgescu fue secuestrado cuando era niño y llevado a un campo de trabajos forzados en Rumania. Después de ocho años de estar separados volvió a reunirse con sus padres en Estados Unidos donde estudió, aprendió inglés y se esforzó por ser respetuoso y ganarse el respeto de los demás. Con el tiempo llegó a ser ejecutivo de una compañía multinacional de comunicaciones.

renunciar

NECESITARÁS:

- Carta de renuncia

TIEMPO REQUERIDO:

- Mínimo dos semanas

> Tu trabajo ocupará una gran parte de tu vida, por lo que la única forma de sentir verdadera satisfacción es si haces lo que crees que es un buen trabajo. Y la única forma de hacer un buen trabajo es que te guste lo que haces. Si todavía no lo encontraste, sigue buscando. No te conformes. Como sucede con todas las cuestiones del corazón, cuando lo halles, lo sabrás.
>
> —Steve Jobs

PASO 1. Dilo por escrito

Redacta una breve carta de renuncia en tono profesional. Tiene que ser una carta clara, sin emociones personales, que indique la fecha de tu partida, enumere tus logros y exprese agradecimiento tanto a tu jefe como a la empresa.

PASO 2. Edita la carta

Repasa tu carta para verificar que no contenga errores de ortografía y gramática.

PASO 3. Entrega tu carta

Al menos dos semanas antes de la fecha de tu renuncia presenta personalmente tu carta de renuncia a tu jefe y al departamento de recursos humanos. Guarda una copia de la carta en tu archivo particular.

PASO 4. Pide una recomendación

Si es pertinente, pide a tu jefe una recomendación personal que puedas usar en el futuro.

PASO 5. Trabaja para tu reemplazo

Ayuda en el proceso de encontrar un reemplazante y de enseñarle la tarea, antes de que te vayas.

PASO 6. Verifica la paga y los beneficios

Tal vez tengas derecho a beneficios de la compañía cuando te vayas. Verifica con el departamento de recursos humanos.

PASO 7. Devuelve lo que sea de la compañía

Antes de tu salida devuelve todo lo que sea propiedad de la compañía a los departamentos correspondientes. Eso ayudará a que tu partida sea en buenos términos.

Tipo listo

"Siempre retírate en buenos términos. No pienses que tu último día en ese empleo es una oportunidad para contarles a todos lo que piensas de ellos o del trabajo. Uno nunca sabe si tendrá que volver a trabajar con ellos o para ellos".

—Jim Agnew, instructor técnico,
Distrito Escolar de Bellevue, Bellevue, Washington

pedir referencias

NECESITARÁS:
- Una lista de personas respetables que conozcan tu desempeño
- Direcciones de correo electrónico
- Números de teléfono

TIEMPO REQUERIDO:
- 30 minutos

Hay sorpresas buenas y no tan buenas. Una sorpresa que jamás deberías imponerle a otra persona es usarla como referencia sin avisarle y sin que te dé permiso para ello. Es incómodo. Tienes que preguntar primero a cualquier jefe, colega, maestro o amigo antes de ponerlos en la lista de referencias. De esa forma estarás dirigiendo a tus potenciales empleadores hacia referencias positivas y evitas que haya referencias negativas.

Haz una lista

Anota en una lista a las personas que puedan dar referencias sinceras sobre tu desempeño en el pasado.

Considera el correo electrónico

Si envías primero un correo electrónico pidiendo que las personas acepten dar referencias de ti, no les harás pasar un mal momento. Si están de acuerdo en recomendarte, bien. Y si no, podrán negarse sin pasar por el momento incómodo de decirte que no en persona.

Redacta un mensaje de correo electrónico

Escribe un mensaje sencillo, que vaya directo al grano —de acuerdo a lo que deseas—, solicitando la recomendación. No preguntes: "¿Podrías darme una recomendación?" Mejor será lo siguiente: "¿Podrías dar una buena referencia acerca de mí?" Asegúrate de responder un par de preguntas clave: ¿Qué es lo que estás pidiendo? ¿Por qué te resulta importante? ¿Cuándo esperas la respuesta, por sí o por no?

Revisa tu mensaje

Haz que otra persona revise tu pedido. Elige a alguien que te diga lo que haga falta mejorar, no solamente lo que te gustaría oír.

Envía el correo electrónico

Envía cada pedido de manera individual, no en grupo. Personaliza cada pedido con algo que el lector valore en cuanto a tu relación con él.

Haz el seguimiento

Cuando te respondan, envía entonces otro correo electrónico o, mejor, llama por teléfono. Ya sea que respondan que sí o que no, dales las gracias por haberlo considerado amablemente.

¿Verdad o ficción masculina?

Los hombres envían notas de agradecimiento.

Verdad. Los estadounidenses gastan entre 7 y 8 mil millones de dólares en tarjetas de saludos por año. En primer lugar están las tarjetas de cumpleaños, luego vienen las de agradecimiento, que se entregan por millones a personas valoradas por alguien, todos los años.

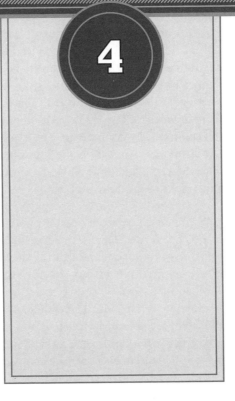

ADMINISTRACIÓN DEL DINERO

4

De acuerdo con la Oficina de Grabado e Impresión de los Estados Unidos, el promedio de circulación de un billete de dólar es tan solo de veintiún meses. Cuando se acerca el segundo cumpleaños del billete, por lo general, se le retira debido a su excesivo desgaste. En su corta vida, "George" pasa por miles de manos en transacciones de compra y venta, más o menos unas 10.000 veces. Y pocas veces encuentra a un propietario que quiera guardarlo por más de unos pocos días y ni hablar de alguien que valore invertir en una relación a largo plazo. Como no se puede negar la satisfacción temporal de una compra compulsiva, la mayoría de los varones gasta cada dólar que hay en sus bolsillos en cosas que quieren en vez de ahorrar, como lo hacen los hombres para momentos de verdadera necesidad. El hombre maduro sabe que cuanto más crezca su colección de retratos de George Washington tanto más rápido podrán unirlos y cambiarlos por el nombre de Benjamin Franklin.

Uno de los más grandes expertos en administración de dinero hoy es Dave Ramsey, autor, animador televisivo y radial, y un hombre que habla sin vueltas. Con su inagotable energía y su modo directo, el señor Ramsey no presenta excusas para ser claro y es casi rudo al hablar de la gente que necesita pensar y actuar de manera diferente con su dinero. Sus consejos son invalorables para todo el que quiera tener el control de su dinero y escapar de las garras de la esclavitud de las deudas.

El señor Ramsey habla por experiencia cuando da consejos sobre el uso del dinero, el ahorro y el peligro de quedar asfixiado por las deudas. Puesto que su experiencia de vida ha sido esa y ha tenido que luchar para librarse de la esclavitud de las deudas. Ahora es un luchador que defiende la libertad económica y comparte el conocimiento que obtuvo cuando aprendió a administrarse a sí mismo y también a administrar su dinero de manera diferente, ayudando a otros para que rompan sus cadenas y sean libres del todopoderoso dólar.

Tras perderlo todo, empecé a investigar y estudiar para aprender cómo es que funciona el dinero en realidad, y en qué modo podía asumir el mando teniendo confianza y seguridad en cuanto a cómo manejarme con el dinero. Leía todo lo que cayera en mis manos. Entrevisté a gente rica ya mayor, a gente que ganaba dinero y lo conservaba. Y esa gesta me llevó a un punto realmente muy incómodo: mi espejo. Empecé a ver que mis problemas con el dinero, mis preocupaciones y la falta de efectivo en mi bolsillo tenían su origen, y su fin, mayormente en la persona que veía en el espejo. También vi que si podía aprender a manejar mi carácter, el de esa persona con quien me afeitaba cada mañana, podría ganarle al dinero.[1]

Por más de veinte años Dave Ramsey ha estado aconsejando a millones de personas con las mismas estrategias que usó para dominar su propio dinero. A continuación tenemos una breve lista de los consejos de Dave Ramsey que más les gustan a todos por su sentido común y por la sabiduría en cuanto a la administración del dinero y la vida:

"Compramos cosas que no necesitamos con dinero que no tenemos para impresionar a personas que no nos gustan".[2]

"Creo que a través del conocimiento y la disciplina, la paz económica es posible para todos".[3]

"Tienes que obtener el control sobre tu dinero porque si te falta, esa falta será la que te controle a ti".[4]

"Si estás dispuesto a vivir como nadie más, después de un tiempo podrás vivir como nadie más".[5]

"Tienes que decirle a tu dinero qué hacer porque si no, se irá".[6]

"No puedes tener deudas y ganar. Así no funciona".[7]

"El trabajo es el método más seguro para ganar dinero".[8]

"Actúa como te lo indica tu salario".[9]

¿Qué es eso de actuar como te lo indica tu salario? Luce raro pero cualquier hombre con mucho dinero sabe que estas son sabias palabras que marcan el camino más rápido a la libertad económica. Igual, tal vez estés pensando que sería genial actuar como millonario. ¿A quién no le gustaría? Según el señor Ramsey, el truco para ser millonario cuando te retires es cuestión de decisión. "¿Sabías que invirtiendo $100 al mes entre los 30 y los 70 años —solo $100 al mes—, seas ejecutivo o repartidor de pizzas… acabarás jugando al golf todo el día, si quieres? Bueno, no voy a meterme en la vida de nadie ni quiero parecer agresivo. Pero con solo $100 al mes entre los 30 y los 70 años, en un fondo de acciones decente y sólido, sin impuestos, sumarían más o menos $1.176.000. Entonces no hay excusa para que no te jubiles siendo millonario".[10]

¿Qué dices? ¿Cien dólares al mes? Sí, tan solo $100 al mes. Ahora mismo puede parecer mucho dinero, pero piensa en cuánto dinero gasta la gente sin saber adónde se ha ido. ¿Qué cosas compraste el último mes? Ahora piensa dónde quieres estar en tu futuro económico. Millonario o no, si aprendes a dominar tu dinero evitarás que el dinero sea tu amo y señor.

Conoce a Dave Ramsey

David L. Ramsey III está casado y tiene tres hijos. Es escritor sobre temas económicos, animador radial, personalidad televisiva, conferencista motivacional y tiene su propio negocio que vale unos $55 millones.

crear un presupuesto personal

NECESITARÁS:
- Una hoja de papel con renglones
- Un lápiz con punta afilada
- Una calculadora

TIEMPO REQUERIDO:
- 30 minutos

¿Recuerdas cuando ese chico se quejaba en clases diciendo que las matemáticas eran estúpidas y que jamás las usaría en toda la vida? La verdad es que la cuestión es simple: usarás las matemáticas todos los días. Tu primer paso en el camino a la libertad económica implica usar conocimientos básicos de matemáticas para crear un presupuesto personal. Si un tipo sabe sumar y restar, tiene poder para determinar si está gastando más o menos de lo que gana. El hombre maduro le suma valor a su vida al crear un presupuesto con propósito, que lo lleve rumbo a la libertad económica. El tipo inmaduro le resta valor a su vida al perderse en las deudas y la esclavitud económica. Como dice John Maxwell: "El presupuesto le dice a tu dinero dónde ir, en vez de que te preguntes dónde se ha ido".[11]

PASO 1. **Determina tus ingresos**

Anota todas las formas en que ingresa dinero en tu bolsillo cada mes.

PASO 2. **Suma el total de tus ingresos**

Suma el dinero que ingresa y resta los impuestos que tengas que pagar. Tienes entonces tu ingreso mensual total.

PASO 3. **Haz una lista de gastos**

¿En qué gastas tu dinero cada mes? Anótalo todo. Sí, ¡todo! Si hace falta, agrupa por categorías, pero ¡tienes que dar cuenta de cada centavo!

PASO 4. **Identifica tus gastos fijos**

Repasa tu lista de gastos para encontrar esas cosas que necesitas para vivir. Los gastos fijos son cosas a las que te comprometes cada mes, uno tras otro. Los gastos como el alquiler, las cuentas, el seguro y la comida irán arriba de todo en esta lista.

PASO 5. **Suma el total de tus gastos fijos**

Suma los gastos fijos y tendrás tu presupuesto mensual de gastos fijos.

PASO 6. **Haz la cuenta**

Resta los gastos fijos de tu ingreso. Si te sobra dinero ¡felicitaciones! Tu presupuesto está escrito en tinta negra porque vives con menos de lo que ganas. Puedes pasar al paso 9. Si ves que no es así, entonces tu presupuesto está escrito con tinta roja porque gastas más de lo que ganas, y tendrás que ganar más, o tendrás que reducir gastos.

PASO 7. **Identifica tus gastos flexibles**

Repasa tu lista original de gastos para ver cuáles podrías suprimir.

PASO 8. **Suma el total de tus gastos flexibles mensuales**

Si estás gastando más de lo que ganas necesitarás reducir tus gastos flexibles (o ganar más) para alcanzar tu objetivo de tener un presupuesto escrito con tinta negra.

Lleva cuenta de todos tus gastos. Registra las transacciones en efectivo, con tarjetas de débito y de crédito, y revísalos cada mes. Eso te ayudará a llevar la cuenta de dónde y por qué se gasta tu dinero.

Más info

¿Incluiste en tu presupuesto mensual las donaciones por caridad? Muchos expertos en economía dan 10% de sus ingresos cada mes. Comienza con lo que sabes que puedas dar y auméntalo a medida que te lo permitan tu presupuesto y tu compasión.

ahorrar

NECESITARÁS:

- Ingreso
- Cuenta bancaria de ahorros
- Presupuesto personal
- Fuerza de voluntad

TIEMPO REQUERIDO:

- Un año y más

> Ahorra parte de tus ingresos y comienza ahora mismo porque el hombre con algo de más controla las circunstancias y el hombre que no tiene algo de más es gobernado por ellas.
>
> —Henry Buckley

PASO 1. Crea un presupuesto personal

Ver "Cómo crear un presupuesto personal".

PASO 2. Establece un objetivo económico

Identifica cuánto quieres ahorrar y para cuándo quieres haberlo ahorrado. Para eso tienes que volver a mirar tu presupuesto personal y efectuar los cambios necesarios para modificar prioridades en tus gastos flexibles y destinar ese dinero al ahorro.

PASO 3. Cancela tus deudas

Si debes dinero, asegúrate de pagar primero tus deudas. Usa el dinero que recategorizaste en el presupuesto para destinarlo al ahorro y con eso paga lo que debas. No solo te librarás del peso de la deuda sino que te habrás ahorrado el gasto adicional del interés que te cobran por lo que debes.

PASO 4. Abre una cuenta de ahorros

Lleva tu primer depósito a un banco reconocido y abre una cuenta de ahorros que pague interés. Que pague interés significa que el banco te pagará un porcentaje de tu saldo tan solo por guardar tu dinero en su banco. No es mucho, pero tu dinero irá creciendo con el tiempo.

PASO 5. Mantén tu presupuesto

Ahora que incluiste el ahorro en tu presupuesto mensual, asegúrate de que cumples con lo planeado y vas ahorrando en tu cuenta en vez de ceder a la tentación de comprar por impulso.

PASO 6. Mantente sin deudas

¿Por qué comprar algo que no puedes pagar? Si la compra no forma parte de tu presupuesto, entonces no compres. Tan solo con pasar la tarjeta o firmar podrías matar tus ahorros.

PASO 7. Repite los pasos 5 a 7

Tipo listo

"El arte no está en hacer dinero, sino en conservarlo".
—Proverbio

---

administrarte con la tarjeta de crédito

NECESITARÁS:
- Ingreso
- Tarjeta de crédito
- Presupuesto personal
- Fuerza de voluntad

TIEMPO REQUERIDO:
- 15 minutos por mes

En Estados Unidos los consumidores deben más de 850 mil millones de dólares en deuda de tarjetas de crédito. Es muchísimo dinero a deber, y más todavía porque cuando se calculan y cobran las tasas de interés, ese monto aumenta. Si sabes administrarte con tu tarjeta de crédito no tendrás que pagar más de lo que debes. Deberle a la compañía de tarjetas de crédito es como ser esclavo de la deuda. La clave para evitar esa esclavitud es no gastar lo que no tienes. A pesar de lo mucho que quieras comprar algo piensa en cuánto odiarías ser esclavo de la deuda. Piensa esto: dura poco la diversión que crea deuda, pero el dolor de pagar lo que debes puede durar toda la vida.

PASO 1. **Limita tus decisiones**

No necesitas más de una tarjeta de crédito.

PASO 2 **Conoce los términos y condiciones de tu tarjeta de crédito**

Esto incluye tu línea de crédito máxima, tasa de interés, fecha de vencimiento del pago y cualquier comisión por transacción específica a tu tarjeta.

PASO 3. **Úsala solo si es necesario**

Tu tarjeta de crédito debiera ser el último recurso entre tus opciones de pago. Úsala para emergencias cuando no tengas la opción de pagar en efectivo o con débito. Los gastos del presupuesto diario no debieran pagarse con tarjeta de crédito si es posible (ver "Cómo crear un presupuesto personal").

PASO 4. **Revisa siempre los resúmenes mensuales**

Cada mes es importante que leas el resumen de tus gastos. Compara los resúmenes con las cuentas de tu presupuesto mensual. Mantén los ojos abiertos para ver si hay gastos que no autorizaste porque podría tratarse de un fraude con tarjeta de crédito.

PASO 5. **Paga**

Cada mes paga el total de la cuenta de la tarjeta de crédito y así evitarás pagar comisiones por servicio e intereses. Paga siempre antes de la fecha de vencimiento para evitar penalidades o cualquier otro impacto negativo en tu posición crediticia.

¿Verdad o ficción masculina?
La primera tarjeta de crédito era de cuero

Ficción. En verdad, la primera tarjeta de crédito muy probablemente haya sido de papel. Desde entonces, las tarjetas de crédito o cualquier instrumento de crédito han sido de metal, en forma de monedas o tarjetas, de fibra, de papel o de plástico. Pero nunca han sido de cuero.

---

invertir para el futuro

NECESITARÁS:
- Ingresos
- Cuenta de inversiones a largo plazo
- Paciencia

TIEMPO REQUERIDO
- 30 minutos al mes durante los próximos 40 años o más

Muchos jóvenes no creen que invertir en el futuro sea algo importante. La mayoría piensa que tiene el resto de su vida para ahorrar dinero así que, ¿por qué empezar ahora? La verdad es que cuanto antes empieces a invertir el dinero que tanto te cuesta ganar, más dinero tendrás cuando quieras dejar de trabajar tan duro.

PASO 1. Empieza pensando en el final

Piensa en el futuro, en el momento en que ya no quieras trabajar. La mayoría de las personas piensan en cuando tengan 65 años.

PASO 2. Gana dinero trabajando

Para invertir dinero para mañana necesitas ganarlo hoy. Así que consigue un empleo y aparta un porcentaje de tu paga para invertir ese dinero.

PASO 3. Elige un plan de inversión

Pregúntales a adultos en quienes confíes que te recomienden a un consejero financiero que pueda guiarte a un plan de inversión a largo plazo que aproveche el interés compuesto.

PASO 4. Empieza temprano

La clave para maximizar tu dinero es empezar a invertir tan pronto como sea posible. Te mostraré qué sucederá con una inversión que rinda 10% de interés compuesto cada año:

Si inviertes $10.000 a los 20 años, cuando tengas 65 tendrás $728.905

Si inviertes $10.000 a los 25 años, cuando tengas 65 tendrás $452.593

Si inviertes $10.000 a los 30 años, cuando tengas 65 tendrás $281.024

Si inviertes $10.000 a los 40 años, cuando tengas 65 tendrás $108.347

Tipo listo

"La paz económica no tiene que ver con comprar cosas. La paz viene al aprender a vivir con menos de lo que ganas para poder donar dinero y tener dinero para invertir. Hasta que no hagas esto, no podrás ganar".[12]

—Dave Ramsey

---

vivir sin deudas

NECESITARÁS:
- Ingreso
- Autocontrol
- Paciencia

TIEMPO REQUERIDO:
- A partir de ahora

Pocas cosas son más ciertas que las palabras del economista, político y filósofo moral Adam Smith, un escocés del siglo dieciocho, que dijo sobre el vivir sin deudas: "¿Qué se puede añadir a la felicidad de un hombre que tiene salud, que no tiene deudas y tiene la conciencia limpia?"[13] Vivir sin deudas tiene un valor que se compara con librarse de las cadenas de la esclavitud. El señor Smith vivía en una época en que un hombre podía ser dueño de otro, lo que a él le parecía mal, ya fuera en el aspecto físico o económico. La deuda es esclavitud. La libertad es vida. Así que, amigo, sigue el consejo de Adam Smith y vive libre.

PASO 1. Gana dinero

La independencia económica empieza cuando te ganas tu dinero trabajando.

PASO 2. Valora tu dinero

El dinero es una herramienta, no un juguete. Trabajas duro para ganártelo, así que busca de qué modo puedes lograr que tu dinero trabaje duro por ti.

PASO 3. Conoce tus necesidades

Sé realista en cuanto a qué necesitas de veras y qué cosas son tan solo algo que quieres. El tener suficiente para comprar lo necesario nunca debe quedar a merced de los gustos que te das, malgastando tu dinero.

PASO 4. Crea un presupuesto personal

Dile a tu dinero dónde debe ir, en lugar de preguntarte dónde se fue (ver "Cómo crear un presupuesto personal").

PASO 5. Paga en efectivo

Duele pagar en efectivo, por eso no querrás soltar tu dinero tan fácilmente. Además, al mostrar los Benjamin Franklin puedes pedir rebaja.

PASO 6. Ahorra

Calcula tu presupuesto con el objetivo de que tu ingreso tiene que ser mayor a tus gastos. Deposita el dinero que queda en tu cuenta de ahorros y en la de inversión.

PASO 7. No gastes lo que no tienes

Evita comprar con tarjeta y pagar solo el pago mínimo (ver "Cómo administrarte con la tarjeta de crédito").

Tipo listo

"Es una insensatez dar garantía por la deuda de otro o ser fiador de un amigo".

—Proverbios 17:18 (NTV).

TU ASPECTO PERSONAL Y LA HIGIENE

5

Desde la punta de los pies a la punta del pelo, el hombre está compuesto por más de 5.000 partes o piezas. Si uno no sabe cómo funcionan en armonía todas esas partes, se crea esa confusión que sienten tantos con respecto a vivir consigo mismos.

A la mayoría de las personas no parece importarles mucho el cuidado de su salud. Pero quienes lo hacen suelen verse mejor, sentirse mejor y vivir mejor. La mayor parte de la atención de los varones suele dirigirse a lo que refleja el espejo sobre su salud externa, porque piensa que si se ve bien por fuera no hay mucho que pensar sobre el esfuerzo en equipo que hace todo lo que hay dentro. Pero en realidad, el cuerpo de cada uno de nosotros es una construcción compleja de huesos, músculos, órganos, nervios, hormonas y cientos de piezas que solo pueden identificar los médicos con chaqueta blanca, como en un laboratorio.

Uno de los médicos más reconocidos del mundo es un hombre que piensa en todas esas partes internas y en cómo funciona cada una, y en conjunto, así como también en su influencia en nuestra salud en general. El Dr. Thomas R. Frieden es el director de los Centros para el Control y la Prevención de Enfermedades de EE.UU., y sabe bien cuáles son los temas de salud que los hombres tenemos que cuidar desde temprano, antes de que sea demasiado tarde. El primero en la lista es el corazón. ¿Piensas que es un problema de los viejos, nada más? Te equivocas, dice el Dr. Frieden. Los tres factores principales que convierten al corazón en una bomba de tiempo son el hábito de fumar, la alta presión y la falta de ejercicio. Los hombres sanos se ocupan de controlar cada una de estas cosas, para que los problemas no los controlen a ellos.

1. No fumes. El Centro para el Control y la Prevención de Enfermedades advierte que los jóvenes subestiman los riesgos de la salud relacionados con el tabaquismo y sobreestiman su capacidad para abandonar ese hábito. El cuarenta por ciento de los fumadores jóvenes han intentado dejar su adicción a la nicotina, sin lograrlo. Es mala noticia si te pones a pensar en que los cigarrillos contienen al menos sesenta sustancias que se sabe producen cáncer. Cada año el humo de cigarrillo es causante de un tercio de todas las muertes por cáncer. Suma eso a las más de 430.000 personas que mueren cada año de enfermedades relacionadas con el cigarrillo. "Si fumas, dejar de hacerlo es lo más importantes que puedes hacer para mejorar tu salud", dijo el Dr. Frieden en un chat de Google+ de 2013 con el editor en jefe de la revista *Men's Health*.

2. Baja tu presión sanguínea. En un hombre sano la presión debiera ser 120 sobre 80 (120/80). El número 120 es la medida de la presión sobre las paredes de tus arterias cuando late tu corazón y el 80 representa la presión entre latido y latido. La alta presión sanguínea ya no es tan solo la maldición de los hombres mayores con sobrepeso. Hoy hay hombres jóvenes con alta presión también y las mayores razones por las que ellos sufren enfermedades cardíacas son el estilo de vida sedentario, la mala alimentación y la actitud de apatía respecto de la obesidad. La salud del corazón es una decisión que los hombres tienen que tomar mientras son jóvenes. A continuación enumero algunas formas en que podrás mejorar tus probabilidades y mantener más baja tu presión sanguínea.

Come saludable: Eso significa menos sal, y más frutas y vegetales.

Duerme: Si duermes menos de 7 a 8 horas cada noche, eso puede tener un impacto negativo en la capacidad de tu cuerpo para regular las hormonas del estrés, lo que causa alta presión sanguínea.

Ejercítate: El movimiento ejercita no solo los músculos que puedes notar sino también el que trabaja 24 horas los 7 días de la semana: tu corazón.

3. Haz ejercicio a diario. El Dr. Frieden practica lo que enseña. Juega al squash y deja el sudor en la cancha pero se lleva un corazón sano cuando sale de allí. Su consejo para ti es este: "La actividad física en realidad es lo más parecido que tenemos a una droga maravilla. Aunque no pierdas ni un gramo de peso te ayudará a controlar tu presión sanguínea, a no tener diabetes, a tener menos probabilidades de sufrir cáncer, a mejorar tu humor y a reducir tu colesterol. En realidad tiene una enorme cantidad de efectos positivos. Así que el desafío en verdad es dar el primer paso y luego, mantener el ritmo".[1]

No hay dudas de que vivir contigo mismo puede ser confuso. Cuidar tu salud es algo que aprendes a hacer, y tal vez sea una de las mejores formas de mostrarles a los demás que eres un hombre que tiene el control de su vida, desde adentro.

Conoce al Dr. Thomas R. Frieden

El Dr. Tom Frieden es director de los Centros para el Control y la Prevención de Enfermedades (CDC). El Dr. Frieden ha trabajado en varios ámbitos: controlar los riesgos para la salud causados por enfermedades contagiosas, responder a emergencias y en la lucha contra las principales causas de sufrimiento y muerte en Estados Unidos y el mundo entero. Ha recibido muchos premios y honores; además, ha publicado más de 200 artículos científicos.

afeitarte

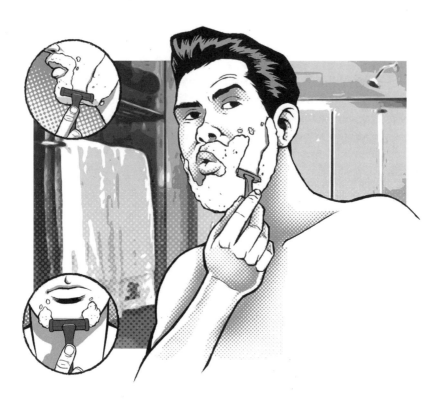

NECESITARÁS:

- Crema o gel para afeitarse
- Una afeitadora nueva
- Una toalla limpia
- El lavabo

TIEMPO REQUERIDO:

- 5 minutos

Afeitarse o no afeitarse: esa es la cuestión. Si tienes manchones irregulares de pelusas como de durazno sobre la cara, partes peladas, pocos pelos en el mentón y hasta un bigotito como los de un gato, entonces es hora de que empieces a afeitarte. Pero si todavía tienes granos y folículos no te preocupes. Tu momento de dominar el arte de arrastrar acero cortado a láser sobre unas mejillas todavía tiernas ya llegará, y pronto. Recuerda que no es la barba lo que te convierte en hombre. La respuesta a lo que separa a los chicos de los hombres en términos de la categoría de vello facial no tiene tanto que ver con si te puedes dejar la barba crecida o no, sino con el tema de afeitarte sin cortarte la cara y quedar hecho un mapa lleno de líneas.

PASO 1. Llena el lavabo

Llena el lavabo limpio con agua tibia hasta la mitad.

PASO 2. Mójate la cara

Usa un paño tibio y mójate la cara durante un minuto más o menos para ablandar el vello facial.

PASO 3. Aplica la crema de afeitar

Con una bola de crema del tamaño de una pelotita de golf sobre la palma de tu mano aplica una capa delgada con los dedos de la otra mano sobre el área que vas a afeitar.

PASO 4. Aféitate

Aplica presión leve pero firme con la hoja de afeitar, siguiendo la dirección en que crece el vello. Comienza por la base de tus patillas y afeita hacia abajo hasta la línea de tu mandíbula, en trazos largos y parejos.

PASO 5. Lava la afeitadora

Usa el agua tibia del lavabo cada tanto para limpiar la afeitadora. De este modo el espacio que hay entre las cuchillas queda libre de pelos.

PASO 6. Aféitate el área del mentón

Lleva la afeitadora hacia abajo desde el mentón hacia el cuello y desde el cuello hacia arriba hasta el mentón, según lo que más cómodo y efectivo resulte. Levanta el mentón llevando la cabeza hacia atrás para que la piel se estire y puedas afeitar más al ras.

PASO 7. Aféitate el labio superior

Cubre los dientes de arriba bajando el labio. Afeita el área desde la nariz hacia abajo hasta el labio.

PASO 8. Aféitate el labio inferior

Ahora cubre los dientes de abajo levantando el labio inferior y afeita desde el labio hacia el mentón.

Lávate la cara para eliminar restos de crema de afeitar y revisa si han quedado pelos. Revisa la línea de la mandíbula, delante de las orejas, cerca de los labios y la nariz. Con cuidado vuelve a afeitar lo que haya quedado con vello.

PASO 10. **Lávate**

Con un paño húmedo limpia tu cara y vuelve a revisar. Si te has lastimado y sangra un poco, no te asustes. No te desangrarás ni te quedarán cicatrices permanentes. Simplemente aplica un pedacito de papel absorbente sobre la lastimadura para que deje de sangrar. Antes de salir de casa recuerda quitarte el papelito.

UN PASO EXTRA

Lávate con agua fría o usa loción para después de afeitar para que no te arda la cara. Si sientes que te arde después de afeitare, ve "Cómo aliviar el ardor después de afeitarte".

¿Verdad o ficción masculina?
Si te afeitas el pelo vuelve a crecer, más grueso y más rápido.

Ficción. En verdad, afeitarse no afecta el grosor ni el ritmo de crecimiento del pelo. Puede parecer más grueso solo porque lo has cortado y la punta está roma; por lo que es más evidente.

---

aliviar el ardor después de afeitarte

NECESITARÁS:

- Paño limpio
- Agua fría
- Gel de sábila (aloe vera) para después de afeitarte

TIEMPO REQUERIDO:

- 3 minutos

¡Ay, ay, ay! Cómo arde, ¡y tienes manchones colorados en la cara! No importa cómo te afeites, si te arde después, será desagradable. Pero la buena noticia es que puedes evitarlo. Antes de afeitarte la próxima vez, descarta esa crema de afeitar barata y compra un gel de buena calidad, usando afeitadora nueva, de varias hojas bien afiladas. Resístete a presionar demasiado con la afeitadora porque la piel es suave y se lastima. Cuando te arda la cara después de afeitarte, ¡inténtalo con estos simples pasos para ver si apagas el incendio!

PASO 1. **No te rasques**

Si te rascas podrías irritar la piel aun más y hasta causar una infección.

PASO 2. **Mójate la cara**

Con un paño limpio humedecido con agua fría, refresca la piel irritada de tu cara. Así restringes la circulación sanguínea hacia los capilares de las capas superficiales de la piel y reduces esas manchas rojas.

PASO 3. **No te friegues la cara con el paño**

Esto también podría irritar tu piel todavía más y hasta causarte una infección.

PASO 4. **No te apliques colonia ni loción para después de afeitar**

Son productos que pueden contener alcohol y podrían irritar tu piel aun más. Es como si echaras combustible al fuego porque el alcohol de la loción y la colonia harán que el ardor aumente.

PASO 5. **Suaviza la piel**

Aplica una crema humectante natural o gel de aloe vera sin perfume. Utiliza un poco de este remedio natural y tu cara te lo agradecerá.

¿Sabías que?

El vello facial crece más o menos 18 mm por mes, lo cual suma casi 15 cm al año. El hombre afeitado pasa un promedio de más de 3.000 horas de su vida afeitándose.

usar desodorante o antitranspirante

NECESITARÁS:
- Antitranspirante o desodorante en barra
- Axilas limpias y secas

TIEMPO REQUERIDO:
- 15 segundos

No es difícil aplicar antitranspirante en barra o desodorante. Lo que sí es difícil es sentarse al lado de un tipo que olvida usarlo. Piensa en ello de este modo. El olor a transpiración axilar es uno de los más potentes repelentes de mujeres que conozca la humanidad. Como cuando levantas el brazo y tienes mojada la axila de tu ropa, que grita: "¡Transpiro mucho!" Vivir con esa clase de vergüenza, eso sí es difícil. Pero no sudes... hay una solución simple. Usa antitranspirante o desodorante, o combina las dos cosas.

PASO 1. **Quita la tapa**

Quita el sello que tenga la barra de antitranspirante o desodorante.

PASO 2. **Levanta un brazo**

Levanta el brazo por sobre tu cabeza para que quede expuesta tu axila limpia y seca.

PASO 3. **Aplica el desodorante**

Pasa la barra una y otra vez, hacia arriba y hacia abajo, sobre la piel de tu axila. Repite con la otra axila. Con dos o tres pasadas deberías estar cubierto. Si usas demasiado la gente olerá tu desodorante antes de verte.

PASO 4. **Deja secar**

Antes de ponerte la ropa espera un minuto para que el desodorante se seque. Así no dejará marcas visibles en tu ropa.

Antitranspirantes vs. Desodorantes

Antitranspirante. Según los expertos del departamento de dermatología de North Carolina University, el arma más eficiente para combatir la humedad en las axilas es el aluminio. Antes de que intentes fregarte con una lata de refresco bajo los brazos, compra una barra de antitranspirante.

Los antitranspirantes bloquean el sudor al introducir iones de aluminio en las células de las glándulas sudoríparas de la piel de tus axilas. Cuando las glándulas empiezan a segregar humedad, los iones de aluminio reaccionan con tu transpiración y hacen que las células se hinchen y cierren los conductos del sudor.

Desodorante. Clasificado como cosmético por la Administración de Alimentos y Drogas de EE.UU. (FDA, por sus siglas en inglés), el desodorante es poco más que un refrescante del aire que hay bajo las axilas, cuya fórmula enmascara el feo olor a transpiración que emitimos todos los humanos. Sí, así es. Todos tenemos un "tipo de olor" único. Tu olor es una mezcla de los factores ambientales que incluyen tu última ducha, el jabón que usaste, lo que comes, la cantidad de agua que bebes y el ADN que heredaste de tus padres. No puedes escapar de tu genética, pero sí puedes controlar cuán a menudo te duchas y qué eliges masticar. Así que mejor es mantener fresco tu cuerpo y lo que comes para que mañana huelas mejor.

El olor feo de la derrota se vence con la higiene, con buena alimentación y con el antitranspirante o desodorante, o la combinación de ambos que mejor funcione en tu caso. Puedes probar con diferentes marcas hasta encontrar la que más te convenga, pero no te rindas. Las narices de todos te lo agradecerán.

usar productos para peinarse

NECESITARÁS:

- Cabello limpio, lavado
- Producto para peinar (en crema para algo de brillo, o cera para que se vea con efecto mojado)

TIEMPO REQUERIDO:

- 1 minuto

> La vida es una lucha interminable llena de frustraciones y desafíos, pero algún día encontrarás al estilista que te guste.
>
> —Anónimo

PASO 1. **Sécate con una toalla**

Si secas tu cabello con la toalla podrás distribuir mejor el producto para peinarte. Si el cabello está muy mojado, el producto no quedará encima del mismo y si está demasiado seco, formará manchones.

PASO 2. **Elige tu producto**

Elige una crema o producto en forma de pomada si quieres algo de brillo en tu cabello. Y si tu estilo es más para el efecto mojado, usa productos en cera. Aplica la cantidad equivalente a la de una moneda sobre la palma de tu mano.

PASO 3. **Trabaja el producto**

Frota el producto con tus palmas, una con la otra, para que las dos queden impregnadas.

PASO 4. **Aplica el producto**

Usa los dedos para que el producto cubra todo tu cabello. Empieza por la parte superior de la cabeza y avanza hacia adelante. Aplica el producto en todo el largo del cabello, llegando al cuero cabelludo.

PASO 5. **Péinate**

Usa los dedos, un peine o un cepillo para peinarte como más te guste.

Tipo listo

"Dos cosas importantes para recordar si te importa tu cabello. Primero, conoce a tu peluquero o estilista. Encuentra uno que te guste e insiste en que solo esa persona te corte el cabello. Segundo: no importa si vas a una peluquería de servicio rápido o a un salón, lo que cuenta es buscar un lugar bueno. En cuanto al champú, a los productos para peinados y a los cortes de cabello, obtienes aquello por lo que pagas. Vale la pena gastar un poco cada mes. No hay comparación entre un corte bueno —incluso en los días en que tienes el cabello feo— y un mal corte, porque tendrás que esperar tres semanas hasta que vuelva a crecer".

—Hudson, estilista de celebridades, propietario de Hudson E. Hudson Salon

usar colonia y perfume

NECESITARÁS:

- Un frasco de colonia seleccionada cuidadosamente
- Cuello limpio y seco

TIEMPO REQUERIDO:

- 30 segundos

Si usas demasiada colonia o perfume la gente te olerá antes de verte. Eso no es bueno. Lo que quieres es que quienes estén cerca piensen: "Sí, huele bien". Eso es mucho mejor que: "¡Uf! ¿Se bañó en colonia?" Cuando se trata de colonia o perfume, más no significa mejor.

PASO 1. Elige una colonia

Asegúrate de que no estás mezclando aromas. La loción para después de afeitarse, el gel para ducharte o el desodorante tienen un aroma propio que chocará con el de tu colonia. Y no, no siempre los productos de la misma marca combinan entre sí.

PASO 2. Quítale la tapa

Con cuidado, quítale la tapa al aerosol o frasco de colonia.

PASO 3. Aplica la colonia

Sobre la base de tu cuello aplica un poco de colonia. Con una o dos gotas, o una o dos rociadas de aerosol bastará. ¡Tres es el máximo!

IMPORTANTE
Solo aplica colonia sobre tu piel. La temperatura de la piel interactúa con la liberación de la esencia y el aroma de la colonia. No la apliques sobre la ropa porque podría manchar el género y el aroma podría cambiar según qué productos uses para lavar la ropa.

PASO 4. Tapa el frasco

No quieres que se vuelque.

IMPORTANTE
No uses colonia todos los días y, cada tantos meses, cambia de aroma.

¿Sabías que?

Muchas colonias son falsas y usan ingredientes que no están certificados por la Administración de Alimentos y Drogas de EE.UU. El producto falso puede producirte urticaria o hasta una peligrosa reacción alérgica. Es cierto que tu novia tal vez no pueda diferenciar la colonia genuina de la falsa. Pero tu piel no lo ocultará. Así que siempre compra colonias de marca conocida.

refrescar el mal aliento

NECESITARÁS:
- Dentífrico y cepillo de dientes
- Hilo dental
- Agua potable
- Goma de mascar con sabor a canela, sin azúcar

TIEMPO REQUERIDO:
- 5 minutos

Halitosis. Dilo en voz alta. ¿Qué te parece el énfasis en "tosis"? Parece indicar algo malo ¿verdad? Bueno, no importa el énfasis ni si suena extraño, la halitosis no tiene que ver con el halo de un ángel, ni con nada por el estilo. Es el nombre científico para ese mal común que el mundo entero conoce como mal aliento. ¿Cómo evitas que tu boca huela tan mal como tus pies? Es simple: solo sigue unos pocos pasos y tu boca estará más limpia.

PASO 1. **Cepíllate los dientes**

Adopta el hábito de cepillar las perlas de tu boca al menos dos veces al día. Cepilla tus dientes durante dos minutos, uno para los de arriba y otro para los de abajo.

PASO 2. **Límpiate la lengua**

Saca la lengua y mírala en el espejo. ¿De qué color está? Si no está de color rosado y limpio usa el cepillo de dientes sobre la superficie. Ten cuidado de no llegar hasta la garganta. El aliento del vómito es horrible.

PASO 3. **Usa hilo dental**

Te sorprenderá descubrir cuánta comida se esconde entre diente y diente. Tras usar el hilo dental, huélelo. En serio. Si huele a bacinilla es porque se están depositando residuos de bacterias a lo largo de tus encías. Son de tamaño microscópico y pueden causar enfermedades de las encías que producen muy mal aliento. No habrá goma de mascar que pueda solucionar ese problema. ¿Cuál es la solución? Usa hilo dental. Todos los días. Tu boca y tu hilo dental debieran oler mejor en más o menos una semana. Si no es así, habla con tu dentista… manteniendo distancia, claro está.

PASO 4. **Bebe más agua**

"Pero no me gusta cómo sabe el agua", dirán algunos. Bueno ¡sé hombre! El agua mantiene hidratada tu boca y ayuda a que produzcas saliva. La saliva es el peor enemigo de las bacterias porque contiene enzimas y antisépticos que matan gérmenes. Y menos bacterias en tu boca significa que depositarán menos "residuos" entre tus dientes. Su residuo digerido es igual al de tu residuo digerido, y huele mal. Así que si bebes agua ayudarás a eliminarlo.

PASO 5. **Mastica chicle sin azúcar**

La goma de mascar contribuye a que produzcas saliva. Pero no elijas chicle con azúcar, porque a las bacterias les encanta. Prueba con goma sin azúcar sabor a canela, que también reduce la reproducción de bacterias en la boca. Y huele bien.

PASO 6. **Come sano**

Hay dos tipos de comida que pueden producir muy mal aliento. Los alimentos como el ajo, la cebolla, el queso y el café tienen un fuerte aroma. Además te convendrá dejar de comer comida chatarra, rica en azúcar y grasa. A las bacterias el azúcar y la grasa les encantan.

Tipo listo

"Solo cepíllate los dientes que quieras conservar".
—Dr. Christopher Meletiou, DDS

---

lavarte las manos correctamente

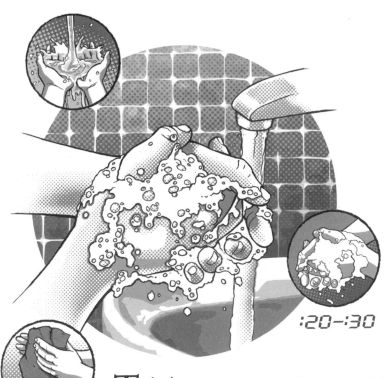

:20-:30

NECESITARÁS:
- Agua corriente (tibia o fría)
- Jabón
- Toalla limpia

TIEMPO REQUERIDO:
- 1 minuto

Todos los varones tocamos y tomamos cosas realmente sucias todos los días, sin siquiera pensar en ello. Las mentes curiosas del Centro Médico Wright-Patterson, de Dayton en Ohio, investigaron y descubrieron datos realmente asquerosos. Lo más sucio y lleno de gérmenes que tomamos en las manos es el billete de un dólar promedio. También entre lo más sucio que tocamos están los interruptores de luz, los teclados, los teléfonos celulares y los asientos del inodoro. ¿Te resulta conocido? Evitar esas cosas contaminadas es casi imposible pero hay una forma altamente efectiva en que podemos mantenernos limpios. Lávate las manos. Con regularidad.

PASO 1. **Mójate las manos**

Bajo el agua que corre, mójate las manos hasta las muñecas.

PASO 2. **Usa jabón**

Usa jabón líquido o en barra, es igual.

PASO 3. **Haz espuma**

Con vigor frota tus manos una con otra para cubrir de espuma desde las puntas de los dedos hasta las muñecas.

PASO 4. **Friégate las manos**

Durante al menos 20 segundos, friega el dorso de las manos, entre los dedos y bajo las uñas.

PASO 5. **Enjuágate las manos**

Pon las manos bajo el chorro de agua y enjuágalas.

PASO 6. **Sécate las manos**

Usa una toalla limpia, o el aire, para secar tus manos.

PASO 7. **Cierra el grifo**

Si es posible, para cerrar el grifo usa la toalla con que te secaste.

Más info

Saber cuándo lavarse es la clave para mantenerse sano:

Antes de: preparar la comida, comer, cepillarte los dientes, cuidar a un amigo enfermo, tratar una herida, lavarte la cara, vaciar el lavaplatos, sostener a un bebé.

Después de: preparar la comida, cuidar a un amigo enfermo, tratar una herida, usar el baño, cambiar un pañal, soplarte la nariz, toser, estornudar, alimentar a tu mascota, acariciarla, recoger la suciedad de tu mascota, sacar la basura.

lavarte la cara

NECESITARÁS:
- Agua tibia
- Paño limpio
- Jabón de tocador

TIEMPO REQUERIDO:
- 5 minutos

Es hora de enfrentar la verdad. El acné es el problema de la piel más común que la humanidad conozca. Los adolescentes parecen sufrirlo más que cualquiera y el 85% de todos los que pasan por la pubertad se ven afectados. Llámalo como quieras: acné, granitos, granos, forúnculos… en todo el mundo hay chicos que luchan por eliminar de sus caras esos puntos negros, puntos blancos y ocasionales volcanes en el mentón. ¿Qué se puede hacer? Resulta que hay bastante por hacer, todo comienza por saber cómo lavarte bien la cara.

PASO 1. Adopta el hábito

Lávate la cara y el cuello todas las mañanas, y después de hacer ejercicio o actividad física que te haga sudar, y todas las noches antes de ir a dormir.

PASO 2. Moja un paño limpio con agua tibia

PASO 3. Pásate el paño tibio por la cara y el cuello

Durante más o menos un minuto, para aflojar la suciedad superficial y abrir los poros de la piel.

PASO 4. Usa el jabón de tocador suave sobre la cara y el cuello

Usa un producto para la piel que sea suave, que no irrite y que no contenga alcohol. Aplícalo sobre el paño suave y pásatelo sin fregar por toda la cara usando movimientos circulares. No ejerzas demasiada presión porque lastimarás la superficie, irritando y secando la piel. La piel seca es la que más enrojece y aumenta la producción de aceites.

PASO 5. Enjuágate la cara

Usa agua tibia para enjuagarte el jabón de la cara y el cuello.

PASO 6. ¡No te toques!

En serio. Tus manos están llenas de bacterias y a ellas les encanta infestar tu cara. "¡No me toco la cara!", dirás. ¿En serio? ¿Apoyas la cara sobre tu mano poniendo el codo sobre la mesa? ¿Te rascas o aprietas los granos? ¿Te lavas las manos a menudo… digamos una vez por hora? Bueno, sí. Es lo que pensé. Entonces, deja de tocarte la cara.

PASO 7. Come y bebe mejor

Lo que entra tiene que salir, eso incluye la salida a través de la piel. El equilibrio de tus hormonas reacciona a tu dieta y como el acné también está vinculado a desequilibrios hormonales es buena idea vigilar qué cosas comes. Si devoras comida alta en grasas saturadas, sal y azúcar, tu cuerpo responde aumentando o reduciendo el equilibrio hormonal. La piel es el órgano más grande y extenso del cuerpo y es muy sensible a tus hormonas. Cuando ingieres comida chatarra, tendrás piel de chatarra. Lo mejor es evitar las frituras, los alimentos procesados, la comida rápida y las bebidas energizantes que están llenas de ingredientes difíciles de pronunciar. Lo mejor es beber menos bebidas manufacturadas y más de lo natural, o sea, agua.

¿Verdad o ficción masculina?

Tomar sol seca los granos.

Ficción. En verdad, los rayos ultravioletas del sol o de las camas solares te dañan la piel y, en realidad, tu acné podría empeorar.

cortarte las uñas

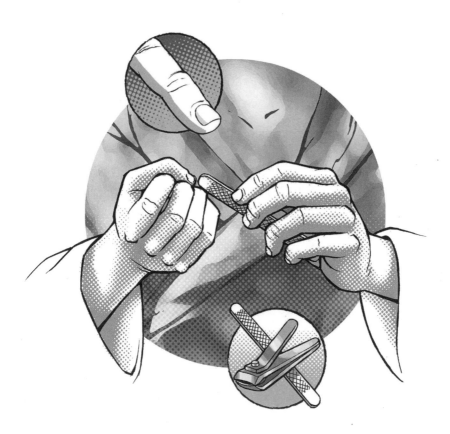

NECESITARÁS:

- Un alicate limpio y afilado
- Una lima de uñas
- Un cesto de residuos

TIEMPO REQUERIDO:

- 5 minutos

¡No te las muerdas! El espacio que hay debajo de tus uñas alberga el doble de gérmenes y bacterias que pudiera haber en cualquier otro lugar expuesto de tu cuerpo. Así que no te las muerdas. Mejor, córtatelas. Serás más aceptable socialmente, confiado emocionalmente y estarás físicamente más sano.

PASO 1. Remoja tus uñas

Remoja tus uñas en agua tibia antes de cortarlas. Eso las ablanda y será más fácil cortarlas.

PASO 2. Examina tus uñas

Fíjate si tienes uñas encarnadas o cutículas dañadas que pudieran ser causa de infección o lesiones en las uñas.

PASO 3. Córtate las uñas

Usa un alicate afilado y limpio, y córtalas derechas hasta que al final de la uña quede una línea delgada y pareja de color blanco.

PASO 4. Límate las uñas

Cuando se hayan secado las uñas, usa una lima para que no queden bordes afilados. Las uñas desiguales o mal cortadas se ven mal, y pueden engancharse en la ropa, lo que las podría romper o rasgar.

PASO 5. La inspección final

Vuelve a inspeccionar tus uñas para asegurarte de que todas tengan la misma forma y largo, y que los bordes estén suaves. Las 10 uñas deben verse iguales. Cuando lo logres, habrás terminado. Ahora, repite el mismo proceso con las uñas de los pies. En serio. ¿Hace mucho que no te las ves?

¿Sabías que?

Las uñas de las manos crecen más rápido que las de los pies, y la uña del dedo índice de un hombre crece más rápido que la de su dedo meñique.

---

cuidar de tus pies

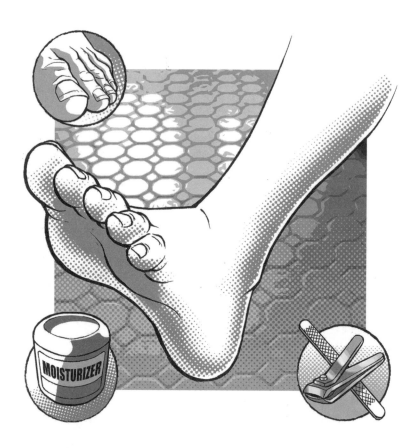

NECESITARÁS:
- Jabón, paño, toalla
- Alicate limpio y afilado
- Lima para uñas
- Cesto de residuos
- Crema humectante

TIEMPO REQUERIDO:
- 10 minutos

Hay tipos que "no dan pie con bola" en la vida porque ni se preocupan por cuidarse los pies. Un buen par de pies no tendría que hacer que todo el mundo salga corriendo cuando te quitas los zapatos. Prestarles atención a los dedos de tus pies acabará con el olor; además, podrás pararte erguido y contento cuando te pongas sandalias para ir a la playa.

Remoja tus pies

Llena una tina con agua tibia suficiente como para remojar tus pies.

PASO 2. Lávate los pies

Usa jabón y un paño o esponja, luego friégate los pies por debajo de cada uno de los dedos y de las uñas. Sécate los pies con una toalla.

PASO 3. Revisa tus uñas

Mira las uñas de cada dedo, revisando para ver si hay uñas encarnadas o daño en las cutículas, que pudieran causar infección.

PASO 4. Córtate las uñas

Usa un alicate afilado y limpio para cortarte las uñas hasta que se vea una línea blanca, delgada y pareja en el extremo de cada uña. Para evitar que se encarnen, córtalas derechas en lugar de curvas.

PASO 5. Límate las uñas

Cuando se hayan secado las uñas, usa la lima para emparejar los bordes. Las uñas de los pies mal cortadas o desparejas se ven feas y pueden romperse o quebrarse con facilidad.

PASO 6. Usa crema humectante

Unta la crema humectante sobre la piel de los pies, desde el tobillo y hasta los dedos. Espera hasta que la piel absorba la crema humectante antes de ponerte las medias.

¿Sabías que?

Tenemos más o menos 250.000 glándulas sudoríparas en ambos pies, y segregan hasta un cuarto de litro de humedad por día.

VESTIMENTA Y ESTILO

6

Ve ahora mismo y mírate bien en el espejo. Fíjate en tu estilo, de la cabeza a los pies. ¿Qué revela tu ropa acerca de ti? Lo creas o no, lo que vistes y cómo lo vistes influirá en la forma en que te vean los demás. Al menos eso es lo que cree Nate Retzlaff, gurú del estilo: "Tu estilo expresa lo que eres. Si aprendes a cuidar la forma en que vistes para que se condiga con lo que haces, les mostrarás a los demás que tienes estilo. Por dentro y por fuera".[1]

Hmmm, parece que Nate ha estado hablando con tus padres. Pero no es así. Con quienes sí habla, y mucho, es con las marcas de ropa más influyentes de la faz de la tierra. Como director de diseño de Nike, de vestimenta en mercados emergentes, el trabajo de Nate Retzlaff consiste en ver cuál será el próximo look indispensable, en el mundo entero.

No solo es creador de tendencias sino que además sabe un poquito acerca de lo que pasa por la cabeza de un varón cuando se está vistiendo por las mañanas. "Hoy más que nunca los hombres pueden definir lo que son al elegir su estilo. Pero de todos modos necesitan pensar en su ropa, para que se condiga con su actividad. Por ejemplo, recuerdo que mi mamá insistía en que yo debía ponerme los mejores zapatos para ir a la iglesia, a una boda o a algo así. Me sentía obligado a vestirme bien de vez en cuando. Lo que hoy entiendo sobre verse bien es que hay que aprender a sentirnos cómodos, de modo que lo que vean los demás sea una extensión de mi personalidad, pero respetando el lugar en que estoy y a la gente que me rodea".

Según Nate, el foco de atención de la moda yace en expresar por fuera ese hombre que eres por dentro.

"Es encontrar tu voz de modo que incluya a tu ropa, y esa búsqueda puede ser muy larga. Así que atrévete. No temas cometer algunos errores. Aprende de tus errores. Cuando elijas un estilo, mi consejo es que seas tú mismo. Hay muchas otras personas por allí que se ven de determinada manera, todos iguales. La forma en que vistes debiera reflejar tu voz. Si logras representar tu personalidad a través de tu vestimenta te sentirás más seguro dentro de tu propia piel. En segundo lugar, evita vestirte de forma inadecuada. Siempre exprésate de forma que refleje integridad, que realmente quieres relacionarte con los demás aunque sean diferentes a ti. Si aprendes a hacerlo, la situación es ganadora para todos. Vestirte un poco bien o un poco mal, sin faltar el respeto a la situación, es lo que tiene que saber un hombre en cuanto al estilo. El truco está en vestirte adecuadamente sin renunciar a lo que eres".

Piensa por un momento en lo que dice Nate y luego pregúntate lo siguiente: Si las marcas de ropa y moda más importantes del mundo confían en este hombre, ¿debería yo hacerlo también? Ahora, ve y mira lo que hay en tu armario. Si tienes algo que lleva el *Swoosh* [el logo de Nike] en alguno de los costados, hay muchas probabilidades de que ya lo estés haciendo.

Conoce a Nate Retzlaff

Además de trabajar para el logo de la "victoria" de Nike, el currículo de Nate incluye diseño de ropa para otras compañías que tal vez reconozcas. ¿Te suenan Adidas, Domine, Reebok, X-Games, ESPN, Nissan, Marmot, Salomon, Toyo Tires o Slingshot? Sí, esos son los chicos grandotes que confían en el genio de Nate para promover y hacer que sus marcas avancen cada vez más.

lavar la ropa

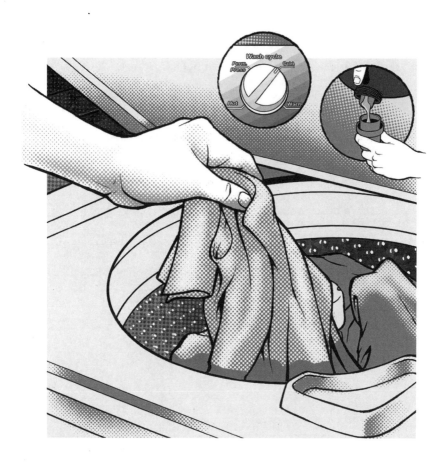

NECESITARÁS:

- Ropa sucia
- Máquina de lavar la ropa
- Detergente para la ropa

TIEMPO REQUERIDO:

- Hasta 1 hora

El hecho de que algo parezca limpio no significa que lo esté. La ropa se "ensucia" cuando atrapa polvo, salpicaduras, suciedad y sudor en las fibras. En la escala de 1 a "Olor horrible", el tipo de suciedad que produce el sudor cabe en la categoría de 10+. Tu cuerpo segrega naturalmente dos tipos de transpiración. Ecrina es la transpiración "normal", mayormente compuesta por agua. Apocrina es la transpiración del estrés, una mezcla fea de amoníaco, carbohidratos, proteínas y ácidos grasos. Las bacterias que viven en tu piel y tu ropa se alimentan de los dos tipos de sudor pero prefieren el bufet apocrino, y comen gratis emitiendo ese olor horrible que emana la pila de ropa que hay en ese rincón de tu habitación. Así que sigue esta simple regla de tres pasos y mantenlo todo limpio: 1) usa la ropa, 2) lávala, y 3) guárdala en su lugar.

PASO 1. **Separa la ropa**

Fíjate en las etiquetas. Separa la ropa por color (oscuros y claros) para lavarla en cargas separadas. También te convendrá reunir las medias, la ropa interior y las toallas para lavarlas en la carga de agua caliente.

PASO 2. **Carga la máquina de lavar**

Ubica una carga en la máquina, solo los colores oscuros, o solo los claros, o solo lo que lavarás con agua caliente.

PASO 3. **Selecciona las opciones de lavado**

Elige la opción de lavado para el tipo de ropa que estés lavando. Blanco, normal, muy sucio o ropa delicada. Esas son las opciones más comunes.

IMPORTANTE
La opción de lavado para ropa blanca usa por lo general agua caliente, por lo que la ropa puede encoger; así que elige la temperatura de lavado en la opción tibio o frío, si te preocupa que encoja.

PASO 4. **Agrega el jabón o detergente**

Lee la etiqueta del envase. Agrega la medida adecuada a la máquina. Los jabones en polvo y los líquidos tienen que agregarse de distinta forma, así que lee con atención las instrucciones del envase.

IMPORTANTE
No uses jabón común en una máquina de lavado de Alta Eficiencia (AE) porque podrías dañar la máquina. El detergente de AE (o HE en inglés) tiene su indicación en el envase del producto.

PASO 5. **Empieza a lavar**

Cuando hayas puesto la ropa, el jabón y el suavizante, cierra la puerta y enciende la máquina de lavar.

Más info

Hay distintos tipos de detergentes para ropa.

- En polvo: se disuelve en el agua del lavado. Suele ser menos caro que el jabón líquido.
- Líquido: está predisuelto. Puedes usarlo para sacar las manchas de la ropa.
- Líquido (AE o HE): Casi no hace espuma, es para máquinas de alta eficiencia y carga frontal.

Más, más info

Tipos de género: Hay géneros que se encogen si los lavas con agua caliente. Al exponer la lana o el algodón al calor del agua, la ropa se puede deformar. Quedarán las mangas más cortas, los pantalones más cortos, y todo quedará casi una talla más pequeña. No te conviene.

secar la ropa

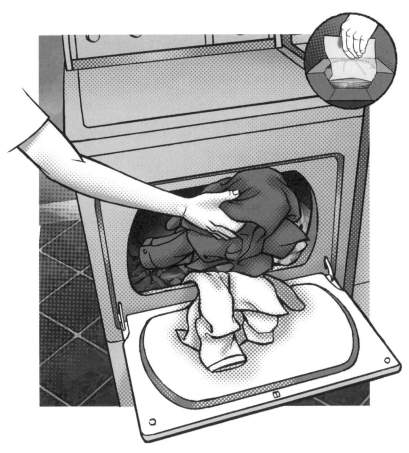

NECESITARÁS:

- La ropa de la máquina de lavar
- Secadora
- Papel de secado

TIEMPO REQUERIDO:

- Entre 30 minutos y 1 hora

> La ropa hace al hombre. La gente desnuda tiene muy poca influencia en nuestra sociedad.
>
> —Mark Twain

PASO 1. **Limpia el filtro de pelusas**

Saca el filtro de pelusas para que la secadora sea más eficiente y el aire fluya sin obstrucciones. Por lo general el filtro está cerca del control de opciones de secado o cerca de la puerta de la secadora.

PASO 2. **Carga la secadora**

Pasa la ropa que lavaste de la máquina de lavar a la secadora. No dejes la ropa mojada dentro de la máquina de lavar porque tendrá olor a humedad, y no habrá papel de secado que lo arregle, aunque el envase indique que huele a "brisa de verano".

PASO 3. **Agrega el papel de secado**

El papel de secado suaviza el género e impide que la ropa se cargue con electricidad estática durante el proceso de secado.

PASO 4. **Elige la opción de secado**

Elige la opción que corresponda al tipo de género que estás secando.

IMPORTANTE
Las opciones de ciclo de secado incluyen un control de temperatura. La ropa puede encoger durante el ciclo con aire caliente. Ajusta la temperatura eligiendo aire tibio para el ciclo de secado si te preocupa que tu ropa pueda encoger.

PASO 5. **Enciende la secadora**

Cuando ya has puesto dentro la ropa y el papel de secado, cierra la puerta de la secadora y enciéndela.

PASO 6. **Saca la ropa**

La mayoría de las secadoras tienen unos minutos de "secado esponjoso" antes de terminar el ciclo. Si tienes ropa que no quieres que se arrugue, saca de la secadora esa ropa antes de que termine el ciclo, y cuélgala o dóblala para guardarla.

¿Sabías que?

Según el Centro de Datos de Incendios de la Administración Nacional de FEMA en EE.UU. se estima que cada año se producen 2.900 incendios domésticos causados por secadoras de ropa. El polvo, las fibras o la pelusa que obstruyen los conductos son la principal causa de que comience el fuego. Estos incendios dan como resultado unas 5 muertes, 100 lesiones y 35 millones de dólares en pérdidas materiales, cada año.

planchar una camisa

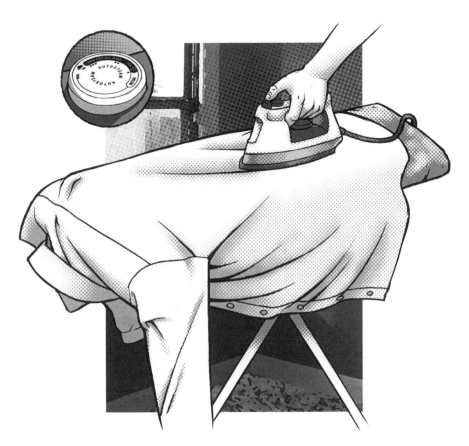

NECESITARÁS:
- Ropa limpia
- Plancha
- Tabla para planchar
- Agua

TIEMPO REQUERIDO:
- 10 a 15 minutos

Las arrugas son una realidad en el guardarropa de todo hombre; no importa qué hagas para tratar de evitarlas. Hasta la camisa que acaba de salir de la secadora tal vez necesite un planchado que deje ese cuello bien duro como te gusta, y las mangas rectas y delicadas. Tómate el tiempo para planchar tu ropa y los demás lo notarán. No lo hagas y ese día costará que alguien te diga un cumplido por la ropa que llevas.

PASO 1. **Abre la tabla de planchar**

En un lugar cercano a un tomacorriente, abre la tabla de planchar y fíjala sobre sus patas.

PASO 2. **Prepara la plancha**

Añade agua al reservorio para vapor, conecta la plancha y selecciona la temperatura adecuada según el género (no sobrecalientes la plancha porque podrías quemar y arruinar tu camisa). Deja la plancha en posición vertical hasta que se caliente.

PASO 3. **Plancha el cuello**

Alisa el cuello al revés, sobre la tabla de planchar. Ahora plánchalo avanzando desde el borde hacia la costura del cuello antes de darle vuelta para ver si ha quedado liso.

PASO 4. **Plancha los hombros y la parte superior (canesú)**

Abre la camisa y ubícala con el lado del derecho hacia arriba, bien lisa sobre la tabla. Ubica los hombros sobre la parte angosta de la tabla de planchar, y plancha el género desde la parte inferior del cuello hasta la parte superior de cada manga. Tendrás que ir moviendo la camisa según lo necesites para planchar toda el área de los hombros.

PASO 5. **Plancha los puños**

Tal como lo hiciste con el cuello, plancha los puños, uno por uno.

PASO 6. **Acomoda las mangas**

Ubica una de las mangas bien plana sobre la tabla de planchar, con la parte de la costura inferior hacia ti. Alisa la manga con la plancha desde el hombro hasta el puño, formando una raya pareja sobre el borde superior de la manga. Dale vuelta a la camisa y repite el procedimiento con la otra manga.

PASO 7. **Ubica los frentes y la parte trasera**

Vuelve a posicionar la camisa de modo que el cuello quede ubicado sobre la parte angosta de la tabla. Comenzando por la parte superior de la camisa, plancha por el lado de los ojales hasta abajo. Dale vuelta a la camisa y alisa la espalda. Vuelve a darle vuelta a la camisa para planchar el lado de los botones.

PASO 8. **Abotona y cuelga**

Ubica la camisa sobre el perchero y abrocha el botón superior. Cuelga la camisa.

PASO 9. **Ordena**

Desconecta la plancha, espera hasta que se enfríe y retira el agua que haya quedado en el contenedor. Guarda la plancha y la tabla de planchar.

Más info

Si estás usando una plancha antigua, o que no conoces, primero prueba planchando una toalla vieja o un trapo. A veces cuando sale el vapor, también se expelen depósitos minerales y podrías arruinar tu ropa.

planchar pantalones

NECESITARÁS:
- Pantalones
- Plancha
- Tabla de planchar
- Agua

TIEMPO REQUERIDO:
- 10 a 15 minutos

Caminar con la cabeza en alto implica el saber que tienes la confianza y la seguridad que hacen falta para plancharte un par de pantalones. Tu aspecto será favorable cuando no estés vistiendo tus jeans favoritos, y será una destreza que necesitarás cuando quieras vestirte muy bien, como para dar una buena impresión.

PASO 1. Lee la etiqueta

La etiqueta con instrucciones de lavado y planchado está cosida del lado interno de la cintura de tus pantalones. Lee las instrucciones para elegir la temperatura adecuada y verifica si se puede planchar al vapor. Si es así, añade agua al contenedor de la plancha antes de encenderla y esperar hasta que se caliente.

PASO 2. Ubícalos

Sosteniendo los pantalones por la cintura, sacúdelos un par de veces para eliminar arrugas importantes. Asegúrate de que los bolsillos están planos. Sostén la cintura y dobla los pantalones para que queden las dos piernas juntas, una sobre la otra. Las costuras y rayas de tus pantalones deberían estar alineadas.

PASO 3. Plancha una pierna a la vez

Cuando la plancha esté caliente empieza desde la cintura de tus pantalones y lentamente desliza la plancha por la pierna del pantalón que quedó ubicada encima de la otra, eliminando arrugas. Cuando esa pierna está lisa, con cuidado, levántala y repite el procedimiento con la otra pierna.

PASO 4. Revisa la raya

Dobla de nuevo la pierna que estaba por encima para ubicarla otra vez como estaba y asegúrate de que en ambas piernas la raya esté en su lugar.

PASO 5. Da la vuelta y repite

Da vuelta a los pantalones para que el lado recién planchado quede debajo. Repite los pasos 3 y 4 con el otro lado de tus pantalones.

PASO 6. Desconecta la plancha

Desconecta la plancha, espera hasta que se enfríe y vacía el contenedor de agua. Guarda la plancha y la tabla.

PASO 7. Listo

Si no vas a ponerte los pantalones de inmediato cuélgalos o dóblalos con delicadeza.

¿Sabías que?

Planchar pantalones es en verdad una ciencia. El acto de alisar el género con una plancha caliente libera las cadenas moleculares que unen las fibras de polímeros, las estira levemente y hace que mantengan su forma plana a medida que se enfría la tela.

lustrar zapatos

NECESITARÁS:

- Toalla o periódico para no ensuciar
- Betún para zapatos: en crema o líquido con aplicador
- Cepillo de cerdas para lustrar
- Paño suave

TIEMPO REQUERIDO:

- 30 a 45 minutos

Son muchos los guerreros negociantes que vuelan de un aeropuerto al otro y buscan quién les lustre los zapatos entre un vuelo y el siguiente. En el aeropuerto internacional de Charlotte encontrarás uno de los mejores servicios. Si tienes la suerte de sentarte en el puesto de Malik Shabazz, obtendrás más que una charla amena mientras renueva tus zapatos. Además de lustrarlos por unos pocos dólares el señor Shabazz también te ofrece pulidos consejos de vida. Al pasar del zapato derecho al izquierdo muy probablemente le diga a quien está sentado en su silla: "Antes de oírte, la gente te ve. Tu aspecto habla más fuerte que tus primeras palabras. Por eso un hombre bueno siempre tiene buen brillo en sus zapatos. Los zapatos lustrados les dicen a los demás que te respetas a ti mismo y que respetas cómo te ves cuando estás cerca de ellos".

PASO 1. **Protege el espacio de trabajo**

Extiende una toalla o periódico sobre la superficie de tu trabajo. La crema para zapatos puede manchar los géneros; lo cual es difícil de quitar.

PASO 2. **Limpia los zapatos**

Usa un cepillo y un paño húmedo para limpiar los zapatos. Deja que se sequen bien antes de aplicar el betún.

PASO 3. **Aplica el betún**

Si usas betún líquido, desliza el aplicador en pequeños movimientos circulares sobre todo el zapato. Y si usas crema, usa el aplicador de tela o esponja que suele venir en el envase. El zapato se verá opaco.

PASO 4. **Deja que se seque**

Espera unos 15 a 20 minutos hasta que se seque el betún.

PASO 5. **Lustra**

Usa el cepillo sobre todo el zapato. No olvides los lados y la parte de atrás. Será mejor si pasas el cepillo en forma vigorosa y con movimientos cortos.

PASO 6. **Pule**

Usa un paño suave y frótalo suavemente sobre los zapatos hasta que brillen. Usa el mismo movimiento sobre toda la superficie para que el brillo sea parejo.

PASO 7. **Limpia y ordena**

Guarda lo que has usado para la próxima vez y limpia el área de trabajo.

Más info

Entre lustradas, quita los cordones de los zapatos para poder limpiar y lustrar la lengüeta interior. Si usas cordones de colores porque están de moda, quítalos y solo vuelve a ponerlos cuando cada uno de los ojales esté seco para no mancharlos.

hacer el nudo de la corbata

NECESITARÁS:
- Corbata

TIEMPO REQUERIDO:
- 2 minutos (por cada uno)

L a tradición de la corbata para los hombres ha sobrevivido a 400 años de cambios sociales y de estilo. Ya no indica posición o clase social, pero esa angosta tira de tela suele aparecer tanto en el guardarropa del político como en el de la estrella de rock. Larga, fina, corta, ancha, sólida, lisa, de seda o sintética, a lo largo del tiempo ha estado siempre presente alrededor del cuello de los hombres. Hay una verdad: el nudo ha cambiado y eso indica que el hombre necesita saber cómo usarla si lo desea. Hay tres *looks* diferentes y tres formas distintas de hacer el nudo.

El Windsor

Algunos dicen que fue el rey Eduardo VIII, Duque de Windsor, quien inventó este nudo; pero otros afirman que fue la mano de su padre, el rey Jorge V, que ató su corbata de este modo por primera vez. Sea como sea, el nudo Windsor es grande, ancho, y queda bien con una camisa de cuello ancho.

PASO 1.

Cruza el extremo ancho de la corbata por sobre el lado angosto, de izquierda a derecha. El lado ancho de la corbata quedará unos 30 cm más largo que el angosto.

PASO 2.

Cruza el extremo ancho de la corbata entre el lazo que se formó.

PASO 3.

Dirige el extremo ancho hacia abajo, por encima y luego por detrás del extremo angosto de derecha a izquierda. La mitad inferior del lado ancho de la corbata debería quedar mirando hacia afuera y a la izquierda.

PASO 4.

Cruza el lado ancho de nuevo por el frente de izquierda a derecha.

PASO 5.

Tira del lado ancho hacia arriba pasándolo por el lazo.

PASO 6.

Guía el lado ancho hacia abajo pasando por el lazo. Usa las dos manos para ajustar el nudo tirando del extremo angosto con la mano derecha mientras acomodas con la izquierda el nudo hasta que calce justo en el cuello.

El medio Windsor

PASO 1.

Cruza el extremo ancho de la corbata por sobre el angosto, de izquierda a derecha. El lado ancho de la corbata quedará unos 30 cm más largo que el angosto.

PASO 2.

Pasa el extremo ancho por detrás y alrededor del lado angosto. La parte inferior del extremo ancho de la corbata quedará apuntando a la izquierda y hacia afuera.

PASO 3.

Pasa el lado ancho por encima del lazo.

Dirige el extremo ancho otra vez hacia abajo por detrás del lazo. Ahora el revés del lado ancho quedará hacia afuera.

PASO 5.

Cruza el extremo ancho de la corbata por sobre el frente de izquierda a derecha.

PASO 6.

Pasa por el lazo y hacia arriba el extremo ancho.

PASO 7.

Guía el extremo ancho hacia abajo pasándolo por el nudo. Con las dos manos, ajusta el nudo tirando del extremo angosto con la mano derecha mientras acomodas con la izquierda el nudo hasta que calce justo en el cuello.

Cuatro en mano

PASO 1.

Cruza el extremo ancho de la corbata por sobre el angosto, de izquierda a derecha. El lado ancho de la corbata quedará unos 30 cm más largo que el angosto.

PASO 2.

Pasa el extremo ancho por detrás del angosto de derecha a izquierda. La mitad inferior del extremo ancho ahora quedará mirando hacia afuera.

PASO 3.

Cruza la parte ancha por sobre el frente de la angosta.

PASO 4.

Pasa el extremo ancho por el lazo hacia arriba.

PASO 5.

Guía el extremo ancho hacia abajo pasando por el nudo. Con las dos manos, ajusta el nudo tirando del extremo angosto con la mano derecha mientras acomodas con la izquierda el nudo hasta que calce justo en el cuello.

¿Verdad o ficción masculina?
La seda es de hombres.

Verdad. Las corbatas de mejor calidad son de seda. Para hilar una corbata de seda de buena calidad hacen falta unos 110 capullos de gusanos de seda.

---

coser un botón

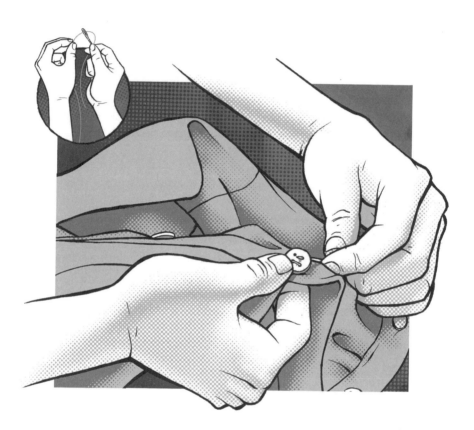

NECESITARÁS:
- Botón
- Hilo
- 1 aguja de coser
- Tijeras

TIEMPO REQUERIDO:
- 5 a 10 minutos

Los botones originalmente se cosían sobre la ropa como adorno de moda. Recién en el siglo trece se inventó el ojal y entonces, esos objetos pequeños y redondos empezaron a usarse como lo empleamos hoy. Lo tradicional es que la ropa de hombres tenga los botones sobre la izquierda. Esto se estableció en la Edad Media, cuando en los duelos había que abrirse rápido el abrigo con la mano izquierda mientras con la derecha se sacaba la espada.

PASO 1. Enhebra la aguja

Pasa un extremo del hilo por el ojo de la aguja. Tira hasta que queden unos 30 cm de hilo colgando del ojo de la aguja y corta el hilo. Empareja los dos extremos y átalos con un nudo.

PASO 2. Pon el botón en su lugar

Ubica el botón en línea con los demás, directamente en oposición al ojal.

PASO 3. Empieza a coser

Desde el lado del revés de la tela empuja la aguja enhebrada para que atraviese el género y también uno de los agujeros del botón.

PASO 4. Sigue cosiendo

Tira de la aguja hasta que el hilo quede tenso y el nudo del extremo lo fije. Ahora vuelve a pasar la aguja por el otro agujero del botón.

PASO 5. Sigue cosiendo

Para botones con dos agujeros, sigue cosiendo con la aguja, desde abajo pasando por el primer agujero y luego desde arriba, pasando por el segundo. Hazlo unas 6 a 8 veces hasta que el botón quede bien cosido. Pero si el botón tiene cuatro agujeros, cose atravesando los agujeros creando una X, cruzando entre un agujero y otro en diagonal por la parte frontal del botón.

PASO 6. Última puntada

En la última puntada, empuja la aguja desde el revés de la ropa pero no la pases por el agujero del botón. Ahora, envuelve los hilos de la costura varias veces para reforzar este "tallo" que se formó. Vuelve a pasar la aguja hacia el otro lado de la tela y deja bastante hilo para el siguiente paso. Corta el hilo y saca la aguja.

PASO 7. Ata y remata

Haz un nudo con los dos extremos del hilo. Cuando el nudo esté bien firme, corta los extremos sobrantes del hilo con las tijeras.

¿Sabías que?

El rey Francisco I de Francia exhibió una vez ¡13.600 botones de oro sobre su traje de gala!

eliminar una mancha

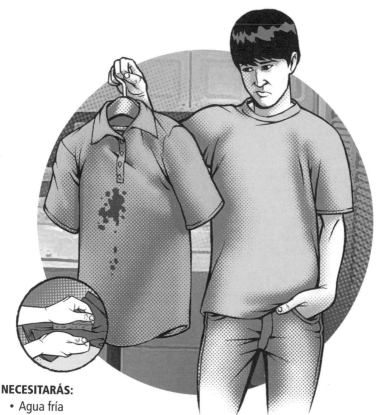

NECESITARÁS:

- Agua fría
- Solución quitamanchas: detergente, vinagre, jugo de limón
- Toalla de papel
- Máquina de lavar la ropa o servicio de tintorería

TIEMPO REQUERIDO:

- 30 minutos

¡Ah! Tu comida favorita acaba de volar por el aire para ir de la boca a la camisa. La mancha que dejó sobre el pecho de tu ropa se hace cada vez más grande. No te inquietes y, por favor, ¡nunca intentes limpiarla con agua caliente! Lo mejor es que busques una camisa limpia y te tomes el tiempo para poder quitar la mancha. A continuación se detallan algunas sugerencias.

PASO 1. Identifica los componentes de la mancha

Porque cada tipo de mancha requiere de una solución diferente.

PASO 2. Remoja la mancha

De inmediato, humedece la mancha con agua fría. Es la forma más segura de impedir que el género se impregne.

PASO 3. Selecciona la solución para quitar la mancha

Basándote en la sustancia de que se trate elige con qué quitarla. Los ácidos suaves como el vinagre o el jugo de limón quitarán manchas de café o té, en tanto que el detergente para platos o ropa funcionan mejor para manchas de grasa, sangre, chocolate, lápiz labial o maquillaje.

PASO 4. Aplica suavemente la solución quitamanchas

Desde la parte del revés, suavemente empapa la mancha con la solución elegida para que vuelva a surgir a la superficie. No apliques la solución directamente desde arriba tal como cayó la sustancia porque la estarías haciendo entrar en las fibras de la tela.

PASO 5. Ubica la mancha hacia abajo

Ubica la tela manchada sobre una toalla de papel, con el revés hacia arriba. Así la sustancia de la mancha será absorbida por el papel.

PASO 6. Espera

El tiempo te ayuda, así que deja que el quitamanchas elegido haga su trabajo. Pero no dejes que se seque la tela porque eso podría hacer que la mancha se fije o se haga más grande.

PASO 7. Enjuaga

Tras 15 a 30 minutos enjuaga el área manchada con agua fría. Eso debiera quitar la mancha y, también, la solución que usaste.

PASO 8. Lava

Si es posible lava de inmediato la prenda, o llévala a una tintorería o lavandería.

Más info

Solo limpia tela liviana de lana con un detergente suave en agua tibia. No uses cloro. El cloro disuelve la tela de lana. ¡Y nunca uses agua caliente! El agua caliente puede hacer que la lana encoja.

doblar una camisa

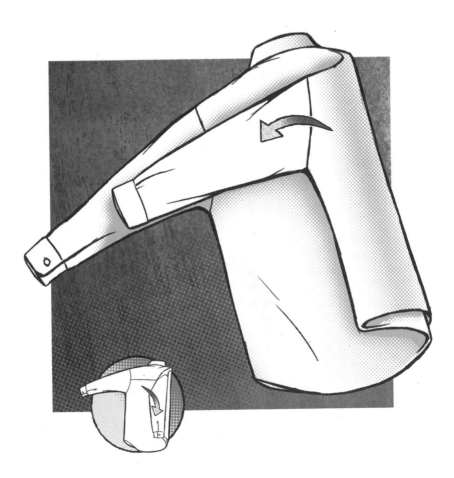

NECESITARÁS:
- 1 camisa de mangas cortas o largas

TIEMPO REQUERIDO:
- 1 minuto

No, no es lo mismo el piso que la gaveta de tu armario. Si doblas tus camisas y las guardas, siempre se verán bien y olerán a limpio. Ahora puede parecerte aburrido, pero te ahorrará esa sensación de frustración cuando tienes que sumergirte en la pila de ropa limpia para encontrar que tus camisas preferidas parecen un mapa porque tienen líneas por todas partes.

PASO 1. **Abotona**

Si la camisa tiene botones tienes que abrocharla.

PASO 2. **Da la vuelta**

Ahora ubica la camisa con el frente hacia abajo, que quede plana.

PASO 3. **Alisa**

Con las manos, alisa la tela para eliminar arrugas.

PASO 4. **Empieza por la derecha**

Forma un pliegue vertical hacia dentro, desde un punto medio entre el hombro y el cuello.

PASO 5. **Dobla la manga**

Ahora, dobla la manga para que quede alineada con el pliegue que hiciste antes. El hombro de la camisa quedará con un ángulo plegado.

PASO 6. **Repite**

Repite los pasos 4 y 5 con el lado izquierdo.

PASO 7. **Dobla la parte inferior**

Ahora, toma unos 15 cm de la parte inferior para plegarla hacia arriba.

PASO 8. **Empareja**

Ahora divide la parte restante de la camisa en dos mitades y pliégala para que quede pareja con la parte superior.

PASO 9. **Da vuelta a la camisa**

Da vuelta a la camisa para que quede con el frente hacia arriba.

Tipo listo

"Si mantienes tu ropa bien planchada, evitarás que tu aspecto sea el de una arruga andando".

—Coleman Cox, autor y recopilador de citas

doblar pantalones sin raya

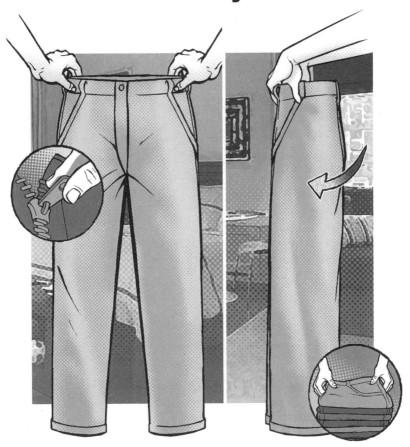

NECESITARÁS:

- Un par de pantalones planchados o de los que no se planchan

TIEMPO REQUERIDO:

- 10 segundos

Agarra, de la pila de ropa, un par de pantalones arrugados que se ven horribles. Jamás debieras salir de casa vistiendo algo así. Mejor será que puedas salir con la frente en alto sabiendo cómo doblarlos para que queden siempre con aspecto delicado, limpio, listos para que te los pongas.

PASO 1. **Cierra y abotona**

Empieza por subir el cierre (cremallera) y abotonar el pantalón.

PASO 2. **Dobla al medio**

Sostén los pantalones desde la cintura, con el botón y la cremallera frente a ti. Dobla los pantalones por el medio en sentido vertical para que queden el botón y la cremallera sobre un borde y la parte de ambas caderas quede unida del otro lado.

PASO 3. **Deja que cuelguen**

Sostén los pantalones para que las piernas cuelguen y queden parejas.

PASO 4. **Ponlos sobre una mesa o la cama**

Apoya los pantalones sobre una superficie plana.

PASO 5. **Vuelve a doblarlos**

Dóblalos de nuevo por la mitad, a igual distancia entre la cintura y el dobladillo.

PASO 6. **Un pliegue más**

Dobla los pantalones por la mitad otra vez. Las piernas de los pantalones quedarán dentro de los pliegues.

¿Sabías que?

Dos inmigrantes europeos, Jacob Davis y Levi Strauss, dieron inicio a la locura por los jeans en Estados Unidos, en 1873. Además del azul índigo se vendían también en color marrón pato, en tela de algodón, con remaches en los bolsillos para hacerlos más resistentes.

colgar los pantalones

NECESITARÁS:
- Pantalones planchados, sin arrugas
- Percheros

TIEMPO REQUERIDO:
- 30 segundos

Hay pantalones que quedan mejor cuando los cuelgas en el armario, siempre que no queden aplastados entre la ropa que cuelgas allí. De ese modo, quedarán virtualmente sin arrugas y listos para que te los pongas apenas los quites de la percha.

PASO 1. **Ajústalos**

Sube la cremallera y abotona la cintura.

PASO 2. **Deja que cuelguen**

Sostén los pantalones por la cintura, con una mano en la parte del botón y la otra, en la costura trasera. La raya frontal de las piernas debiera quedar pareja, desde arriba hasta el dobladillo.

PASO 3. **Dobla por la mitad**

Dobla los pantalones por la mitad, a igual distancia entre la cintura y el dobladillo.

PASO 4. **Inserta la percha**

Manteniendo los dobladillos de las dos piernas juntas, desliza el palo de la percha por las piernas, hasta la mitad.

PASO 5. **Deja que cuelguen**

Deja que los pantalones cuelguen, mitad de un lado y mitad del otro. La cintura y los dobladillos de las piernas debieran quedar frente a frente.

PASO 6. **Cuélgalos**

Ahora que están esmeradamente en la percha, cuélgalos en el armario, pero no permitas que queden aplastados entre otras prendas.

Más info

Cuando pienses en comprarte un nuevo par de pantalones, mira la tela. Las rayas, o los pliegues, debieran ser parejos en las dos piernas, recorriendo la parte delantera y trasera. Todas las costuras, incluyendo la de la cintura, deben ser planas y sin dobleces ni arrugas, ni género que sobresalga.

DEPORTES Y RECREACIÓN

7

Ser un gran hombre no significa que tengas que ser un gran atleta. De hecho, tan solo un 0,03% de todos los varones que juegan deportes organizados llegarán al fin a ser profesionales y quienes lo logran tienen que ganarse su estatus de "hombres" del mismo modo en que lo hace el 99,7% del resto. Pero si tenemos algunas destrezas deportivas básicas, todos podremos ganarnos algo de respeto al salir al campo de juego o simplemente al devolver el balón durante un juego informal en el jardín de la casa. El secreto del desempeño deportivo no es demasiado complicado. Son solo unas pocas palabras: la práctica te hace mejor.

Aun así, sueñas con ser profesional del deporte pero —por desdicha— las probabilidades no están a favor de ti. Porque la verdad es que cada año hay más tipos a los que los parte un rayo que los que llegan a ser convocados como talentosos atletas en la National Football League cada temporada. Los pocos y excepcionales atletas que sí llegan suelen describir la acción de firmar su contrato como sueño hecho realidad. Pero ¿cuánto tiempo durará ese sueño? La respuesta no es la que les gusta oír a los novatos. La gran mayoría de los deportistas profesionales tienen carreras asombrosamente cortas. El promedio es de tan solo tres años y dos meses para la mayoría de los jugadores de la NFL, que entran y salen de la liga en la quinta parte del tiempo que pasan preparándose para poder entrar. A pesar de la ventaja del entrenamiento y la tecnología de los equipos de protección, se trata de un lugar de trabajo riesgoso. La competencia por las posiciones iniciales y el peligro siempre presente de las lesiones físicas son una amenaza constante que preanuncia la interrupción del trayecto a la gloria deportiva.

Un jugador de la NFL que desafió la improbabilidad de lograr esa gloria es el apoyador Norm Evans. Con casi dos metros de altura y un peso de 125 kilogramos este veterano de la ofensiva con catorce años de carrera vistió su camiseta con el número 73, como si fuera un tanque M1 Abrams. Su excelente combinación de velocidad, agilidad y potencia hizo que Norm fuera un arma de batalla y los jugadores del adversario no podían hacer mucho por escapar de su explosivo desempeño.

La carrera futbolística de Norm Evans abarcó temporadas en la American Football League y la National Football League. De esos años rompe huesos pasó diez jugando con los Miami Dolphins, y solo faltó a dos juegos en diez temporadas con ese equipo. Este compromiso con la excelencia y la consistencia le valió a Norm un lugar en los libros de récords como parte del equipo más ganador de la NFL, el de los Dolphins de 17-0 de 1972. El equipo logró la primera y única temporada perfecta de la NFL, que culminó en una victoria en el Súper Tazón. Tres Súper Tazones y dos Pro Bowls más tarde Norm había coleccionado 160 saques en 188 juegos.

¿Cuál fue el secreto del excepcional desempeño e inusualmente larga carrera de Norm? Él resume su secreto para tener éxito en una única palabra: "Práctica". Lo explicaba así:

Siempre hay que practicar lo fundamental. Practicar lo correcto del modo correcto se te hará un hábito. Como apoyador yo practicaba constantemente lo fundamental. Una y otra vez trabajaba con entrenadores que entendían lo básico del juego. El buen entrenador conoce lo importante que es la repetición, la práctica de los movimientos básicos, una y otra vez. En mi caso fue así a lo largo de toda mi vida en el fútbol. Cuando tenía catorce años, recuerdo el primer día que jugué fútbol en la escuela secundaria. ¿Sabes lo que practicábamos? El barrido en carrera. Y ¿sabes qué fue lo que hicimos el último día en que jugué fútbol en la NFL? Practicamos el barrido en carrera.[1]

El secreto de Norm es elemental. No se trata de un atajo, sino de la práctica. "Hace falta verdadero carácter para entender que el compromiso y la práctica requieren mucho tiempo", dice. Norm será el primero en decirte que para tener éxito se requiere ser un deportista comprometido con la práctica continua. El tipo de jugador que además tiene que adoptar la mentalidad del que estudia:

Esa disposición a practicar lo mismo una y otra vez significa que tienes que ser alumno, con la humildad suficiente como para no pensar que te lo sabes todo. Tienes que estar dispuesto a aprender cómo ser mejor con el tiempo. El ingrediente clave para ser buen estudiante es lo que te impulsa y motiva y, en mi caso, era que sentía pasión por saber jugar bien. Eso lo aprendí de mi papá, que tenía esa actitud de hacer algo una y otra vez para mejorar. Me decía: "Hijo, jamás harás algo mal si haces lo que está bien. Pero si no haces las cosas bien, no vale la pena hacerlas". Esa motivación de hacer las cosas bien al practicar, repetir y hacer lo correcto me quedó grabado, incluso hasta hoy.

Norm también cree que en la vida hay más que fútbol.

Mi padre también me enseñó la importancia de hacer lo correcto en todos los aspectos de la vida. Me dijo que practicara cosas como el respeto a mi madre y no solamente a mi madre, sino a todos. Eso significaba que tenía que estudiar y aprender a comunicarme mejor con las personas. La comunicación comienza por escuchar.

El consejo de mi padre sigue resultando hoy. En todas las áreas de la vida necesitamos de la repetición. Al practicar durante mucho tiempo aprendí cómo comunicarme mejor con la gente. No es tan distinto a cuando aprendes alguna otra cosa, como el barrido. Dominar lo básico requiere años y años de práctica. En el deporte, con los amigos, la familia, la fe… si nunca dejas de practicar, nunca dejarás de mejorar.

Conoce a Norm Evans

Antiguo tacle ofensivo de la National Football League, catorce temporadas (Houston Oilers, Miami Dolphins, Seattle Seahawks), participó en dos juegos de las estrellas del fútbol americano conocido como Pro Bowls y en tres Súper Tazones. Norm fue presidente de Pro Athletes Outreach (una organización cristiana sin fines de lucro) entre 1984 y 2009.

lanzar el balón de fútbol

NECESITARÁS:
- Balón de fútbol americano
- Compañero de práctica

TIEMPO REQUERIDO:
- Mucho para practicar

El sueño de todo aspirante a *quarterback* o mariscal de campo es echarse atrás, apuntar y hacer que el balón vuele en perfecto espiral. Los profesionales de la NFL hacen que esa bomba larga parezca algo que no requiere de esfuerzo en tanto que para cualquiera de nosotros la cosa es muy difícil, y nos daría vergüenza que repitieran la filmación de nuestra jugada. Según los brazos más precisos de la liga, el pase con precisión es cuestión de repetición giroscópica. Para enhebrar bien la aguja necesitas practicar, practicar, practicar y, luego, seguir practicando mucho más.

PASO 1. **Precalentamiento**

Precalienta tu brazo para lanzar y alárgalo antes de ejercitar. Aumentarás tu precisión y al mismo tiempo reducirás las posibilidades de lesionarte.

PASO 2. **Toma el balón**

Sostén el balón con las tiras hacia atrás, apoyando dos o tres dedos en las tiras mientras con el pulgar lo rodeas. Tu dedo pulgar y tu índice deben quedar formando la letra L. Sostén el balón con las puntas de los dedos de modo que la palma quede apenas apartada de la superficie del balón.

PASO 3. **Ponte en posición**

Tus pies son importantes al lanzar el balón. Ubícalos de modo que tu cuerpo quede posicionado en un ángulo de 90 grados con respecto a tu objetivo. Si eres diestro, gira a la derecha con el pie izquierdo adelante. Tu pie debe apuntar en dirección al lanzamiento y debes mantener los ojos en el objetivo.

PASO 4. **Prepárate para lanzar**

Dobla el brazo con que lanzarás de modo que el balón quede ubicado cómodamente justo por encima del hombro del mismo lado, por debajo de tu oreja. Si necesitas equilibrar el balón, usa tu otra mano. Ahora tienes el brazo listo para lanzarlo hacia adelante formando un arco circular.

PASO 5. **Lanza el balón**

En un único movimiento vuelve el balón hacia atrás, por detrás de tu hombro y luego mueve tu brazo hacia adelante formando un arco mientras extiendes el codo. Al mismo tiempo echa tu peso sobre tu pie delantero y balancea el tronco en dirección al objetivo. Cuando sueltes el balón, deberías sentir que rueda sobre las puntas de tus dedos, con el índice como último dedo que toca el balón para hacer el efecto de espiral. Al soltarlo, vuelca tu muñeca.

Este movimiento coordinado de tu brazo, tu cuerpo y tus pies, le dará dirección y potencia al balón.

¿Verdad o ficción masculina?
Los más grandes caen más duro.

Verdad. Desde la época en que tu abuelo jugaba, el peso promedio de los jugadores de fútbol ha aumentado más de 50 kilogramos, además del aumento en altura y grasa corporal. Piensa en ese peso. En 1980 solo había tres jugadores de la NFL que pesaban más de 150 kilogramos. Eran delgados en comparación con la encuesta de Associated Press, que revela que en la NFL de hoy hay más de 400 jugadores que pesan más que eso.

lanzar el balón de básquetbol

NECESITARÁS:
- Un balón de básquetbol
- Un aro

TIEMPO REQUERIDO:
- Mucho para practicar

Fue nombrado mejor jugador de baloncesto en tres oportunidades, y en dos ocasiones fue candidato al Salón de la Fama del baloncesto, en tanto que seis veces fue votado entrenador nacional del año, y diez veces ganó el campeonato de la NCAA, por lo que en total el entrenador John Wooden llevó a sus equipos a 885 victorias profesionales. La ESPN dijo que el entrenador Wooden es "el mejor entrenador de todos los tiempos" y, hasta hoy, sus 88 victorias consecutivas constituyen la serie más exitosa de la historia del baloncesto universitario de primera división. Sin embargo lo que más recuerdan casi todos sobre uno de los entrenadores más respetados en este deporte son los simples mensajes de inspiración que les daba a sus jugadores.[2]

"Preocúpate más por tu carácter que por tu reputación. Porque tu carácter es lo que eres en realidad, en tanto que tu reputación no es más que la opinión que los demás tienen de ti".

"Sé rápido, pero no te apresures".

"Jamás confundas la actividad con el logro".

"Lo que seas como persona es mucho más importante que lo que seas como jugador de baloncesto".

Son pocas las veces que el entrenador Wooden hablaba como para exagerar la potencia e impulso de sus jugadores. No buscaba que se sintieran como gigantes en la cancha. Su inspiración siempre se centraba en que sus hombres pudieran ir con la frente en alto, tener éxito y ganar en la vida, tanto dentro como fuera del juego del baloncesto.

PASO 1. **Posiciónate**

Párate con los pies separados a la altura de tus hombros. Mira el cesto y adelanta tu pie dominante medio paso por delante del otro pie. Dobla apenas las rodillas mientras mantienes la espalda derecha, con los hombros enfrentando al aro.

PASO 2. **Toma el balón**

Extiende tus dedos y sostén el balón desde abajo con la mano de lanzamiento en tanto que con la otra mantienes el balón en su sitio. Debe quedar apoyado sobre las puntas de tus dedos, dejando aire entre el balón y la palma de tu mano. Prepara el balón para lanzarlo, sosteniéndolo entre tu pecho y tu mentón.

PASO 3. **Lanza**

Frente al aro y con movimiento coordinado, endereza tus rodillas y salta hacia arriba mientras levantas el balón desde la posición en que lo sostenías, frente a tu rostro, al tiempo de extender los brazos hacia arriba y adelante. No vuelvas el balón a la posición cercana a tu oreja.

PASO 4. Suelta el balón

Cuando te extiendas del todo, suelta el balón impulsándolo hacia el aro y haciendo que lo último que toque el balón sean el índice y el dedo mayor de la mano con que lanzas. Cuando el balón deja tu mano, impúlsalo con la muñeca para que vaya hacia el aro con la trayectoria en forma de arco. No puedes lanzar el balón en línea recta.

PASO 5. Sigue el impulso

Tienes que mantener el impulso hasta que el balón toque el aro. No saltes hacia adelante, ni vayas hacia atrás como lo hacen los que juegan en la calle. Tus pies deben quedar en el mismo lugar en que estaban cuando comenzaste a lanzar.

¿Sabías que?

El juego de baloncesto se inventó en 1891, que los jugadores hacían rebotar un balón de fútbol y que lo arrojaban hacia un canasto de mimbre —como los de duraznos— colgando de un balcón.

patear un balón

NECESITARÁS:
- Un balón de fútbol
- Espacio abierto

TIEMPO REQUERIDO:
- Mucho para practicar

Existe un debate entre europeos y estadounidenses en cuanto al nombre de este deporte. En sus orígenes era un juego de los caballeros ingleses conocido como *soccer* y el acto competitivo de enviar el balón hacia un arco para anotar un gol data de la historia china, del siglo tres antes de Cristo. El 26 de octubre de 1863 los funcionarios del equipo inglés se reunieron para establecer un reglamento para todos los partidos del juego que llamaron *football*. Hoy el deporte más popular del mundo es "este" fútbol, con la excepción de Estados Unidos, donde el fútbol americano es el deporte número 1. El fútbol americano es distinto a lo que el resto del mundo llama fútbol, el que en Estados Unidos se llama *soccer*. Tal como lo llamaron los caballeros británicos de Inglaterra en 1863. Con eso, el debate debiera terminar. O no.

PASO 1. Precalentamiento

Precalienta y elonga las piernas antes del ejercicio. Mejorarás tu rendimiento y reducirás el riesgo de sufrir lesiones.

PASO 2. Deja que el balón caiga al suelo

Con mucho espacio abierto delante de ti, deja que el balón caiga al suelo.

PASO 3. Un paso atrás

Da uno o más pasos hacia atrás, alejándote del balón. No hace falta la carrera, así que ni pienses en quince pasos de distancia.

PASO 4. Elige tu pie de apoyo

El pie de apoyo es el que pones junto al balón cuando pateas. No es el pie con el que patearás.

PASO 5. Acércate al balón

Dirígete hacia el balón, avanzando esos dos pasos que diste antes hacia atrás.

PASO 6. Ubica tu pie de apoyo

Cuando llegues al balón, planta tu pie de apoyo en línea directa junto al esférico. Si lo ubicas muy atrás, le pegarás bajo al balón. Y si vas muy adelante, le pegarás muy alto.

PASO 7. Apunta tu pie de apoyo

La dirección en que apunte tu pie de apoyo será el rumbo que tomará el balón al patearlo.

PASO 8. Echa tu pierna hacia atrás

La pierna con que patearás necesita tomar impulso. En un único movimiento, rota tus caderas y luego echa tu pierna hacia adelante. La rodilla derecha para pasar el balón. La rodilla doblada para tirar al arco.

Patea el balón

Traba el tobillo y golpea el balón con el pie que elegiste para patear. La mitad de tu empeine debe dar contra el balón para darle potencia, y el lado interno del pie dará contra el balón para dirigirlo o hacer un pase.

PASO 10. **Mantén el equilibro**

Usa los brazos para mantener el equilibrio cuando patees. Al principio parecerás un espantapájaros. Así que, sigue practicando.

Tipo listo

"Lo más importante en un partido de fútbol es darlo todo de ti y hacerlo todo con responsabilidad porque seguramente habrá victorias, pero también derrotas. El que entra en el campo de juego tendrá que saber enfrentar cualquiera de los dos resultados".

—Lucimar Ferreira da Silva,
jugador profesional de fútbol, brasileño

Agarrar una veloz bola de béisbol

NECESITARÁS:
- Una bola de béisbol
- Un guante
- Un amigo que juegue de receptor

TIEMPO REQUERIDO:
- Mucho para practicar

El candidato al Salón de la Fama del béisbol Willie Stargell dijo que el juego es lo siguiente: "Te dan un bate redondeado, te lanzan una bola redonda y te dicen que tienes que pegarle un cuadrangular". No es una tarea fácil, considerando que muchos lanzadores pueden hacer que la bola vuele a casi 160 kilómetros por hora. Sin embargo tienes que saber esto: lograrlo requiere de fuerza, precisión y muchísima práctica. Aprende a lanzar la bola y te amarán los entrenadores, más que los bateadores.

PASO 1. **Agarra la bola**

La bola tiene dos costuras, y debes tomarla con los dedos índice y medio, ubicados donde comienzan las costuras, colocando tu pulgar directamente por debajo, sobre la parte lisa de la bola.

PASO 2. **Mantén el secreto**

Para que el bateador no pueda saber cómo vas a arrojar la bola, sostenla oculta en el guante.

PASO 3. **Hazla volar**

Sostén la bola con tus dedos índice y medio sobre la parte superior, y cuando arrojes la bola haz que ruede bajo las puntas de tus dedos para que gire.

PASO 4. **Síguela**

Mantén los ojos en el objetivo y acompaña con tu brazo de lanzamiento el impulso de la bola.

¿Sabías que?

La capacidad del cuerpo humano para lanzar una bola podría ser de 160 kilómetros por hora. ¿Por qué?, preguntarás. La fuerza de torque que se requiere para lanzar hacia arriba la bola es mayor a la fuerza que puede soportar el ligamento del codo antes de sufrir daño o lesión.

golpear con el palo de golf

NECESITARÁS:
- Palo de golf
- Pelota de golf
- Tee de golf

TIEMPO REQUERIDO:
- Mucho para practicar

> El golf es lo más parecido al juego que llamamos vida. Tiras bien pero te sale mal o tiras mal pero te sale bien. Y tienes que pegarle a la bola esté donde esté.
>
> —Bobby Jones

PASO 1. **Cómo agarrar el palo**

Si eres diestro, agarra el palo con la mano izquierda (si eres zurdo, harás lo contrario). Toma el palo con tu mano derecha por debajo de la izquierda y mueve el meñique de tu mano derecha hasta que esté entre el índice y el dedo medio de tu mano izquierda. Tu pulgar derecho debe quedar acomodado en la palma de tu mano derecha.

PASO 2. **Ubícate**

Los pies han de ir apartados a la altura de los hombros. Te inclinarás un poco desde las caderas, con la espalda en posición recta y neutral.

PASO 3. **Ubícate con respecto a la pelota**

Párate a distancia cómoda de la pelota, lo suficientemente cerca como para que la cara del palo pueda dar contra ella pero no demasiado para que tu balanceo o swing sea limpio. Tus brazos han de quedar rectos.

PASO 4. **El backswing**

Cuando hagas el backswing (o balanceo desde atrás) mantendrás tu brazo guía recto, pero doblarás el otro levemente. Rota el tronco al levantar el palo para crear un ángulo de 90 grados entre tu brazo guía y el palo. No muevas la cabeza, y mantén la vista en la bola.

PASO 5. **Swing adelante**

Ahora bajarás los brazos de modo que el palo forme un círculo. La cabeza del palo seguirá a tus brazos en un ángulo de 90 grados pero rápidamente quedará casi alineada con los brazos en el momento del impacto.

PASO 6. **Sigue el swing**

Después del punto de impacto con la bola sigue el movimiento del palo hacia arriba y por encima del hombro. El swing correcto debe posicionar a tu cuerpo de modo que la hebilla del cinturón quede frente al objetivo, el palo quedará detrás de ti y tu pie trasero quedará apoyado en el dedo gordo.

¿Verdad o ficción masculina?

El hoyo en uno es de caballeros, y lo único que debe hacer el jugador es guardar la bola y hacer que el profesional firme su tarjeta.

Ficción. En verdad, para que sea oficial el hoyo en uno, el jugador tiene que estar jugando al menos una ronda de nueve hoyos, jugar una sola bola en esa ronda, y que haya al menos un testigo.

---

hacer el putt (o golpe) en golf

NECESITARÁS:
- Palo de golf (putter)
- Pelota de golf

TIEMPO REQUERIDO:
- Mucho para practicar

El campo de golf bien mantenido es una verdadera obra de arte. Hoy los *greens* son maravillas modernas, con algo de esa magia que tiene el "¿cómo lo logran?" Con acabado a mano y a máquina el proceso de que millones de hojas de hierba se mantengan tan cortas y perfectamente dispuestas requiere de conocimientos sobre agronomía, sobre enfermedades de las plantas, entomología, química y ciencia del suelo. La mayoría de los campos de golf contratan solo a gente diplomada en ciencia ambiental y agrícola. ¿Por qué? Porque debajo de este césped verde, verde, hay capas de plástico, tuberías, piedras, grava, arena y hasta un poco de tierra… pero no mucha. Súmale a eso el riego hidropónico, fertilizante, químicos, ventilación, luz solar, corte diario, más químicos, mucha atención… y ¡abracadabra! Tienes el campo de golf perfecto. Magia aparte, mantener los campos de golf no es tarea para aficionados. Pero cualquiera podrá jugar. Si solo tu breve juego fuera tan bueno como el verde césped sobre el que juegas…

PASO 1. **Toma el palo**

Si eres diestro, toma el palo con la mano izquierda (si eres zurdo, haz lo contrario). Toma el palo con tu mano derecha por debajo de la izquierda y mueve el meñique de tu mano derecha hasta que esté entre el índice y el dedo medio de tu mano izquierda. Tu pulgar derecho debe quedar acomodado en la palma de tu mano derecha.

PASO 2. **Ubícate**

Con los pies separados y en línea con los hombros, flexiona un poco tus rodillas. Acerca tus codos a las costillas e inclina el tronco un poco hacia adelante. En esa posición debieras apoyar suavemente la cabeza del palo de golf por detrás de la bola.

PASO 3. **Prepárate**

Con el putter justo detrás de la bola avanza hasta que los dedos de tus pies estén más o menos a una distancia de dos veces y media el tamaño de la cabeza del palo con respecto a la bola. Luego inclínate levemente y posiciona tu cuerpo centrado ante la bola.

PASO 4. **El golpe**

Preparado, listo, pega. No lo pienses demasiado. Tan solo dale un suave y fluido golpe con el putter hacia el hoyo. De una sola vez.

Más info

Un putter caro puede costar varios cientos de dólares. Uno de los que se venden en las liquidaciones llevará la bola al hoyo, aunque cueste muy poco y sea de segunda mano. Ni uno ni el otro harán de ti un mejor jugador de golf. Lo único que logrará eso será el ojo avezado y muchísima práctica.

---

lanzar los dardos

NECESITARÁS:
- Juego de dardos
- Tablero de dardos

TIEMPO REQUERIDO:
- Mucho para practicar

¿Es un juego de dardos o una lección de ciencia mecánica? Un poco de las dos cosas, en realidad. La física es la que gobierna las palancas, las bisagras, las juntas, las curvas parabólicas, la desaceleración y tus emociones. ¿Mis emociones? Bueno, sí, porque si te sientes como en el aire al dar en el centro durante el juego de dardos, usaste palancas, bisagras, juntas, aceleración, curvas parabólicas y desaceleración para dar justo en la diana. Lo bueno es que no necesitas ser adicto a las matemáticas para dominar el juego, pero sí hace falta un saludable respeto por las leyes de la física. Eso te ayudará.

PASO 1. Toma el dardo

Encuentra el punto de equilibrio del centro del dardo. Toma el dardo un poco por detrás del centro de gravedad, con el pulgar y uno o dos dedos más, como mejor lo sientas.

PASO 2. Apunta

Piensa en tus ojos, el dardo y el centro como una línea recta. Concéntrate en el punto exacto del tablero en el que quieres clavar el dardo. Es tu meta. No permitas que te distraiga la gente que pasa por allí. Un dardo clavado en la cabeza no es buena forma de presentarte ante una chica (Ver "Cómo hablar con la chica que te gusta").

PASO 3. Toma impulso

Dobla el brazo a la altura del codo y acerca lentamente la mano hacia tu cara. Casi todos los que tiran con precisión ubican la mano con el dardo justo cerca del mentón o a la mejilla. Evita el contacto directo del dardo con el ojo.

PASO 4. Acelera

El codo es la bisagra que te permite acelerar el antebrazo hacia el objetivo. No lo hagas demasiado rápido porque perderás el control. Tampoco demasiado lento porque perderás un dedo del pie.

PASO 5. Suelta

Piensa con naturalidad. Cuando tu brazo, tu muñeca y el dardo lleguen al punto de aceleración más adelantado, deja que el dardo vuele hacia el objetivo sobre el que mantuviste clavado el ojo desde que tomaste el dardo con la mano. Levanta el codo y tira muy arriba. Bájalo y el dardo se clavará demasiado bajo.

PASO 6. Sigue el impulso

Tu mano debe seguir el impulso del lanzamiento. Esto te dará más precisión, pero además podrás señalar al dardo clavado y decir: "¡Ja! ¿Viste eso?"

¿Sabías que?

Debido al peligro, los dardos al aire libre se prohibieron en Estados Unidos en 1988 y, en Canadá, en 1989.

---

golpear la bola de billar

NECESITARÁS:
- Mesa de billar
- Taco
- Bolas

TIEMPO REQUERIDO:
- Mucho para practicar

Billar. Es el nombre genérico para el juego deportivo de precisión con bolas sobre una mesa cubierta de felpa. Los más populares del mundo son el pool y el snooker.

Pool. Familia de juegos deportivos de precisión con bolas y una mesa que tiene seis buchacas o troneras. Se usa una bola blanca de inicio para golpear a un conjunto de hasta 15 bolas sólidas y con rayas y enviarlas a la tronera o buchaca.

Snooker. Juego deportivo de precisión con bolas sobre una mesa con seis buchacas, que mide 3,6 metros de largo por 1,8 metros de ancho. El snooker se juega con 22 bolas: 1 blanca de inicio, 15 rojas y 6 bolas adicionales, cada una de color diferente: amarillo, verde, marrón, azul, rosado y blanco.

PASO 1. **Forma tu puente**

Ubica tu mano sobre la mesa frente a la bola de inicio. Desliza tu pulgar para formar con el índice una V. Es el puente, la guía para tu taco.

PASO 2. **Apunta**

Sostén el taco por el extremo más grueso y ubica el extremo más fino dentro de la V que formaste con la mano de puente. Mantén el taco en posición recta y, lentamente, adelántalo y échalo hacia atrás para practicar el golpe justo en el lugar de la bola de inicio donde quieres el impacto.

PASO 3. **Practica el golpe**

Sobre la mesa abierta practica el golpe a la bola de inicio en línea recta desde un extremo de la mesa, para que pegue sobre el borde opuesto a ti y rebote.

PASO 4. **Practica el golpe a otra bola**

Ubica una bola por delante de la bola de inicio y practica darle a la bola de inicio para que avance en línea recta e impacte la otra bola. Trata de apuntar el golpe de la bola de inicio de modo que la otra rebote hacia un costado o hacia una tronera.

PASO 5. **Juega**

Con práctica y algo de ojo para los ángulos tu juego irá mejorando.

Tipo listo

"Nunca pongas la tiza boca abajo. Ese polvo azul manchará la mesa, tu ropa, tus manos y tu nariz. Cuando uno tiene los dedos manchados de azul, estornuda".

—Roger Stensland,
jugador de billar (abuelo de Jonathan)

---

arrojar herraduras

NECESITARÁS:
- Un juego de herraduras
- Dos palos de 35 cm clavados en el suelo a 12 metros el uno del otro

TIEMPO REQUERIDO:
- Mucho para practicar

Sobre un campo polvoriento de Bronson, Kansas, Frank Jackson ganó el primer cinturón del campeonato mundial de lanzamiento de herraduras. Era el verano de 1910 y en ese momento no había reglamento oficial para los jugadores. Sucedió que los cajones con que jugaba Jackson ese día se parecían al que él había usado para practicar en su hogar de Kellerton, Iowa. Cuatro años más tarde en un tribunal de la ciudad de Kansas se adoptó una constitución, leyes y un reglamento para ese juego. Eso cambió las cosas al punto de convertirlo en deporte mundial, que hoy se juega en innumerable cantidad de jardines, campamentos y picnics de verano.

PASO 1. **Toma la herradura**

Sostén la herradura en la mano con que vas a lanzarla. No hay reglas sobre cómo sostener la herradura, que pesa menos de un kilo. Para dar vuelta a la herradura en el aire hay que sostenerla con el pulgar por encima y los dedos por debajo, casi en el medio.

PASO 2. **Ubícate detrás de la línea**

Hacia un lado del pozo y la estaca, párate con los pies juntos preparándote para lanzar.

PASO 3. **Da un paso adelante**

Sosteniendo la herradura en la mano de lanzamiento extiende el brazo y balancéala hacia atrás de tu cuerpo. Al mismo tiempo, toma impulso y mantén el equilibrio adelantando la pierna opuesta al brazo que lanza. Mientras tu pie no cruce la línea límite (que mide unos 8 a 10 metros desde la estaca opuesta) podrás pisar donde quieras.

PASO 4. **Lanza la herradura**

Cuando des el paso adelante, balancea el brazo de lanzamiento hacia atrás y luego hacia adelante junto a tu cuerpo. Cuando el brazo, la mano y la herradura estén en línea con la estaca a la que apuntas, suelta o "lanza" la herradura.

PASO 5. **Sigue el impulso**

Deja que tu brazo permanezca levantado mientras la herradura vuela por el aire hacia la estaca.

¿Verdad o ficción masculina?

Lanzar herraduras tiene que ver con la potencia.

Ficción. En realidad, cada herradura pesa menos de 1 kilogramo. El juego tiene que ver con puntería y estrategia.

LOS AUTOS Y EL CONDUCTOR

8

Has dejado atrás los días de jugar con autitos de juguete en pistas de carrera sobre alfombra. Ya tienes por delante la libertad de conducir autos de verdad. Pero saber cómo mantener, operar, comprar, vender y respetar un auto de manera segura, con todo lo maravilloso que eso implica, será la prueba de tu capacidad para conducirte con lo real. En verdad, cualquiera puede conducir un auto pero solo un hombre de verdad conoce todo lo que acabo de mencionar. Uno de esos hombres es el piloto de la NHRA (National Hot Rod Association), que además es propietario de un equipo, empresario, hombre de familia y padre: Doug Herbert. Su experiencia en el mundo automovilístico y su conmovedora historia con la velocidad bastan para dejarte sin aliento al tomar el volante.

"La sensación de acelerar de 0 a 160 km por hora en ¾ de segundo, y luego de 160 a 480 o más en los siguientes 3½ segundos es pura adrenalina", dice Doug. Como piloto de un súper Top Fuel Dragster, Doug Herbert conoce lo que es ir a toda velocidad y le encanta. "A esa velocidad sientes que te ha arrollado un camión con acoplado porque estás completamente detenido y luego, apenas pisas el acelerador ¡vas a más de 160 kilómetros por hora!"[1]

Poseedor de una rara combinación de reflejos rápidos como un rayo, de pericia como piloto y de las llaves de un auto con 8000 caballos de fuerza, Herbert está viviendo el sueño de cualquiera. Su pasión por la velocidad y su compromiso con el esfuerzo le han valido el privilegio de despertar cada día en el carril rápido. Pero el 26 de enero de 2008 el sueño de Doug se convirtió en una pesadilla cuando se enteró de que la velocidad, eso que tanto ama, se había llevado las vidas de dos personas que amaba: sus dos hijos.

Mientras Doug se preparaba para la carrera de la serie élite Full Throttle de la NHRA en Arizona, sus hijos Jon y James se preparaban también para una carrera no oficial en su ciudad de Carolina del Norte. Los hermanos tenían la tradición de ir a desayunar al McDonald's de su zona los fines de semana, y nada iba a impedirles comer sus salchichas, huevos y queso esa mañana sabatina.

Doug les había enseñado a sus hijos que conducir rápido era asunto serio y le había dicho a Jon muchas veces: "No corras. Si te multan te quitaré el auto". Pero esa lluviosa mañana los chicos olvidaron la advertencia de su padre, ignoraron las señales de tránsito y perdieron más que el privilegio de conducir.

Cuando intentaron adelantar a un auto que avanzaba muy lento, los chicos no vieron el peligro al decidir acelerar y, en menos de lo que le lleva a su padre ganar una carrera, los dos murieron cuando chocaron de frente con un vehículo que venía en sentido contrario.

Con palabras que cuesta pronunciar y la voz ahogada, Doug como padre recuerda: "Nada podría haberme preparado para esa noticia. Era como si hubiera olvidado cómo respirar. ¿Cómo pudo haberles sucedido a ellos? Mis hijos sabían que fuera de las pistas no había necesidad de conducir a toda velocidad, pensaba yo".

Ha pasado tiempo ya desde el choque y el piloto que hay en Herbert ha regresado a las pistas de carrera, pero ahora cuando llega a los 480 km/h lleva en su mente el recuerdo y las imágenes de sus hijos hasta la línea de llegada. Sus rostros están pintados a ambos lados de su dragster, y con orgullo los acompaña una promesa: "Por siempre en nuestros corazones".

Junto a su auto de carrera y con las imágenes de sus hijos, Doug espera que los jóvenes conductores aprendan de su mensaje para que conduzcan seguros: "Lo que quiero decirles a los adolescentes de todas partes es que yo también tuve dieciséis años y que debiera haber muerto probablemente diez veces si piensas en todas las cosas que hice. Conducir es algo realmente peligroso, pero hay un lugar en el que puedes ir rápido. Es la pista de carreras, no las calles donde puede lastimarse la gente". Seguramente es la misma lección que Jon y James querrían que todos los jóvenes conductores aprendieran, para que vivan.

Conoce a Doug Herbert

Doug Herbert se dedica a salvar vidas honrando a sus hijos con B.R.A.K.E.S. [N. de T.: Brakes significa frenos], la fundación y escuela para conductores que busca la seguridad de los conductores jóvenes de todas partes. Tiene la esperanza de que la historia de Jon y James sirva para impedir que otros padres, amigos y familias tengan que sufrir el dolor de perder a un ser amado en un accidente automovilístico. Para más información, visita el sitio de internet de B.R.A.K.E.S.
www.putonthebrakes.com

hacer los cambios de velocidad

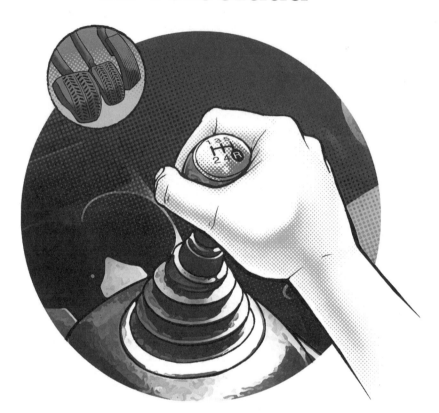

NECESITARÁS:

- Un vehículo con caja de transmisión manual
- Un estacionamiento vacío o una calle sin pendientes y sin tráfico

TIEMPO REQUERIDO:

- 30 minutos, más mucha práctica

"Si no encuentras el cambio, empuja la palanca con fuerza". Es un consejo que no te llevará rápido a ningún otro lado que al taller mecánico. Saber cómo y cuándo cambiar la velocidad del auto tiene que ver con la sincronización de los pedales y la palanca de cambios mientras conduces e incluso hablas con tus pasajeros, todo al mismo tiempo. Es algo que ahora puede parecer casi imposible pero con la práctica lo lograrás. Hasta entonces, trata de no empujar la palanca con fuerza si no puedes hacer el cambio fácilmente.

PASO 1. **Siéntate para conducir seguro**

Ajusta el asiento para que tu cuerpo quede a una distancia cómoda del volante y los pedales. Tanto las rodillas como los codos deben estar levemente flexionados. El freno de mano debiera estar activado. (En los autos de transmisión manual no hay punto de Park, de modo que para que el auto no avance solo es necesario el freno de mano).

PASO 2. **Pisa el freno y el embrague**

Hay tres pedales. De izquierda a derecha son: embrague, freno y acelerador (alimenta combustible). Con el pie izquierdo en el embrague y el derecho en el freno, pisa los dos pedales a fondo y mantenlos allí.

PASO 3. **La palanca, en punto muerto**

Con la mano derecha pon la palanca de cambios en neutro o punto muerto, la posición del centro entre los cambios, donde verás que se mueve un poco sin trabarse.

PASO 4. **Enciende el motor**

Con el embrague y el freno todavía a fondo, gira la llave para encender el motor. Libera el freno de mano.

PASO 5. **Pon la primera marcha**

Con la mano derecha mueve la palanca al "1" o primera marcha.

PASO 6. **Suelta el freno**

Quita el pie del pedal del freno y apóyalo en el acelerador (el pedal de la derecha).

PASO 7. **Suelta el embrague mientras pisas el acelerador**

Muy lentamente levanta el pie izquierdo para soltar el embrague y mientras hagas esto con tu pie izquierdo, el derecho pisará MUY DESPACIO el acelerador. Si sueltas el embrague de repente el vehículo dará un salto hacia delante y se parará. Hay que coordinar el acelerador y el embrague. Es la clave para avanzar, de modo que el motor no se pare ni gire en falso. Con la práctica encontrarás el punto justo.

PASO 8. **Pasa a la siguiente marcha**

Cuando las revoluciones pasen de 3.000, cambia a la marcha más alta. Levanta el pie derecho del acelerador y pisa el embrague con el izquierdo, pasando a la siguiente marcha, y repite el proceso de soltar el embrague y pisar el acelerador al mismo tiempo.

PASO 9. **Baja una marcha**

Cuando las revoluciones del motor sean menos de 2.500, pasa a la marcha más baja, levantando el pie derecho del acelerador y pisando el embrague con el izquierdo. Para cambiar de marcha moverás la palanca y luego levantarás el pie del embrague.

PASO 10. **Detente**

Cuando el auto aminore la marcha, baja de a un cambio a la vez y justo antes de detenerte, vuelve a poner la palanca en punto muerto o pisa el embrague para que no se trabe la caja de cambios, y frena con el pie derecho.

Más info

No reclines demasiado el asiento para lucir bien. Controla el volante, el freno, el embrague y el acelerador. Eso es más importante que la forma en que te vean los demás mientras conduces. Además, te verás muy tonto cuando choques porque no controlaste los pedales.

cambiar un neumático pinchado

NECESITARÁS:
- Llanta de repuesto
- Gato hidráulico
- Palanca y llave de cruz (casi siempre están incorporadas al gato hidráulico)

TIEMPO REQUERIDO:
- 15 a 30 minutos

Ahórrate la vergüenza junto al camino. Antes de que te sorprenda un neumático pinchado, fíjate dónde están ubicados el gato hidráulico y la llanta de repuesto en el auto. Practica el cambio de neumático un par de veces en un lugar seguro como la entrada de tu garaje antes de que te veas obligado a hacerlo junto a la ruta o en una autopista.

PASO 1. **Saca la llanta de repuesto**

La llanta de repuesto suele estar en la parte trasera del auto. No esperes a sacarla cuando ya levantaste el auto con el gato hidráulico porque puede ser peligroso.

IMPORTANTE
Cuando te prepares para cambiar un neumático pinchado siempre usa el freno de mano. Si el auto es automático, pon la palanca en Park. Si es de caja manual, pon la palanca en primera y pulsa el freno de mano.

PASO 2. **Reúne las herramientas**

Ubica y reúne el gato hidráulico, la palanca y la llave de cruz (si no están junto a la llanta de repuesto lo más probable es que estén en un compartimiento del baúl del auto). Deja todo a un lado del auto, cerca de donde estarás cambiando la rueda.

PASO 3. **Afloja las tuercas**

Antes de levantar el auto utiliza el extremo plano de la palanca para quitar las tapas o tazas (si es necesario) y luego usa la llave para aflojar las tuercas. Solo aflójalas un poco. No las quites en este momento.

PASO 4. **Pon el gato hidráulico en posición**

Fíjate en el manual del auto lo que indica en cuanto a la posición correcta del gato en la parte inferior.

PASO 5. **Levanta el auto**

Ahora usa el gato para levantar el auto hasta la altura necesaria para sacar el neumático pinchado e instalar el de repuesto. Recuerda que la llanta de repuesto está inflada, por lo que necesitará más espacio que la que está pinchada.

PASO 6. **Quita las tuercas**

Termina de aflojar las tuercas y ubícalas cerca de ti para poder tomarlas cuando estés trabajando.

PASO 7. **Saca el neumático pinchado**

Saca la rueda pinchada y ubícala un tanto alejada de ti.

PASO 8. **Instala la llanta de repuesto**

Para asegurarte de que la estás poniendo bien, tendrás que alinear los agujeros de la llanta con los tornillos en donde va la rueda. Asegúrate de que la válvula de aire quede hacia afuera.

PASO 9. **Vuelve a poner las tuercas**

Trabajando en cruz, comienza a poner las tuercas; ajústalas para que estén firmes, pero no del todo.

PASO 10. **Baja el auto**

Baja el auto lentamente con el gato hidráulico.

PASO 11. **Ajusta bien las tuercas**

Asegúrate de que has ajustado bien las tuercas antes de guardar todo y volver a conducir el auto.

¿Sabías que?

El auto podría caerse. Así que nunca pongas ninguna parte de tu cuerpo bajo el auto que está levantado con un gato hidráulico. Si el gato falla o se rompe, te aplastará. Cuando quieras algo que ha quedado debajo del auto usa una vara, un paraguas, un palo de escoba, etc.

auxiliar el auto si la batería está agotada

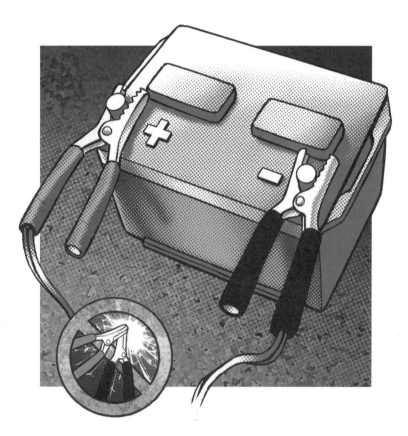

NECESITARÁS:
- Cables de batería para puente
- Otra batería, con carga (tal vez la del auto de un amigo)

TIEMPO REQUERIDO:
- 5 a 10 minutos

¡Es frustrante! De repente olvidaste apagar las luces del auto y durante la noche la batería se descargó. No importa cuántas veces intentes encender el motor, no habrá potencia para lograrlo. Y lo peor es que estás llegando tarde. Deja de saltar y protestar, e inténtalo haciendo "puente" con otra batería.

PASO 1. **Busca los cables**

Siempre es buena idea tener un par de cables en el baúl del auto. Si no los tienes, pídelos prestados.

PASO 2. **Destraba el capó del auto**

Tira de la palanca para abrir el capó. Suele estar a la izquierda debajo del tablero de instrumental, entre el volante y la puerta del conductor.

PASO 3. **Abre el capó**

Busca debajo del capó la varilla que lo sostendrá abierto. Levántalo y ubica la varilla en su lugar. Si es necesario, asegúrala abierta con el brazo de seguridad que se extiende hacia arriba hasta el capó o desde el capó hacia abajo.

PASO 4. **Ubica el segundo vehículo**

Estaciona el segundo vehículo cerca del tuyo, tanto como para que los cables lleguen desde una batería hasta la otra.

IMPORTANTE
Hay que apagar el motor del segundo auto al conectar los cables.

PASO 5. **Conecta las grampas rojas**

Primero conecta una de las grampas rojas del positivo (+) a la terminal del positivo de la batería descargada. Luego conecta la otra grampa positiva (+) a la terminal del positivo de la batería del otro auto.

IMPORTANTE
Cuando conectes los cables no permitas que la grampa positiva (+) toque la negativa (-) ni ninguna otra parte metálica del auto.

PASO 6. **Conecta las grampas negras**

Luego conecta una grampa negra negativa (-) a la terminal negativa del otro auto. Y, por último, conecta la otra grampa negativa (-) a alguna superficie de metal de lo que ves bajo el capó levantado del auto, como por ejemplo el bloque del motor.

PASO 7. **Enciende los motores**

Primero enciende el auto que tiene la batería buena y deja que regule durante uno o dos minutos. Luego, habiendo apagado todo equipo eléctrico (luces, radio, etc.) intenta encender el auto que tiene la batería descargada. Si no arranca enseguida, espera un minuto más e inténtalo de nuevo.

PASO 8. Desconecta los cables

Cuando haya arrancado tu auto desconecta de inmediato las grampas de los dos vehículos en orden inverso.

PASO 9. Carga tu batería

Mantén tu auto encendido durante un rato antes de apagarlo. Así sabrás que tu batería se ha cargado.

Más info

Cuando desconectes los cables del puente entre las baterías no permitas que las grampas se toquen entre sí, ni que entren en contacto con el metal del auto. Podrías causar un cortocircuito en el auto, el cual es costoso de reparar.

revisar el aceite

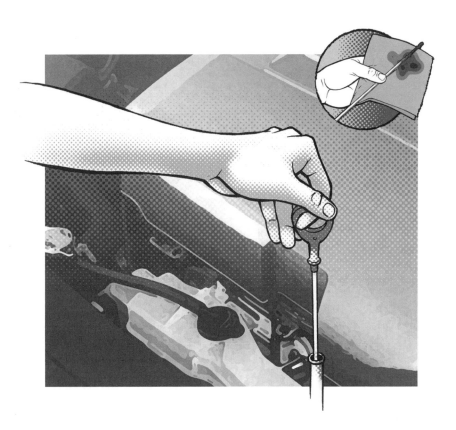

NECESITARÁS:

- Trapo o toalla de papel
- Aceite para motor
- En algunos casos, linterna

TIEMPO REQUERIDO:

- 5 minutos

La varilla que mide el nivel de aceite del motor del auto suele estar adosada a la tapa. Si olvidas medir el aceite, cuando el motor se descomponga lo primero que mirará el mecánico es este nivel, y si encuentra que al motor le faltó aceite pensará: *¡Ah! El conductor de este auto es tonto porque no verificó el nivel...* Puedes evitar que te suceda todo esto si aprendes a revisar el nivel de aceite del auto.

Para que la medición sea precisa, revisa el nivel de aceite con el auto estacionado en un lugar que no esté en declive y con el motor frío.

PASO 1. **Destraba el capó**

Destraba el capó con la palanca que suele estar debajo del tablero del auto, entre el volante y la puerta del conductor.

PASO 2. **Abre el capó**

Busca debajo del capó la varilla que lo sostendrá abierto. Levanta el capó y asegúralo en posición abierta utilizando la varilla.

PASO 3. **Encuentra la varilla**

No confundas la varilla de medir el nivel de aceite con la de la del líquido de transmisión. Por lo general, la varilla de medición de aceite está cerca del centro del compartimiento del motor y se ve como un rulo largo de metal que sale del motor. Puede estar pintada de color vivo, y tal vez esté etiquetada indicando "Oil" o "Aceite".

PASO 4. **Saca la varilla**

Retira la varilla y límpiala con un trapo o una toalla de papel.

PASO 5. **Vuelve a insertar la varilla limpia**

Asegúrate de que entre hasta el fin. Así llegará hasta el fondo del receptáculo de aceite del motor.

PASO 6. **Sácala de nuevo**

Ahora sostén la varilla en sentido horizontal y mira el nivel de aceite. Si sobrepasa la línea que indica "lleno" o "full" el nivel de aceite es demasiado alto. Y si está por debajo de la última línea, al motor le falta aceite. Si está en medio de las dos líneas el nivel es el correcto.

PASO 7. **Si hace falta, agrega aceite**

El aceite solo debe agregarse por el tubo que indica "Aceite" u "Oil", en la tapa.

PASO 8. **Repite**

Repite los pasos 5 a 7, según sea necesario, hasta que el nivel de aceite sea el correcto.

Siempre vuelve a insertar la varilla en su lugar, y la tapa del receptáculo de aceite antes de cerrar el capó o encender el motor.

¿Sabías que?

Si en el tablero aparece iluminada la luz del aceite, te indica que el motor tiene baja presión de aceite y no bajo nivel. Si sigues usando el auto podrías dañar seriamente el motor.

estacionar

NECESITARÁS:
- Auto
- Espacio entre dos autos
- Paciencia

TIEMPO REQUERIDO:
- 30 segundos

No hay otra maniobra a baja velocidad que produzca tanto orgullo en el hombre como el poder estacionar en paralelo. Que logres estacionar un auto junto al cordón en una calle llena de automóviles es como ganar una carrera de Indianápolis. Los peatones a veces aplauden cuando ven que alguien logra aparcar sin esfuerzo con una sola maniobra en forma de S. Pero sucede lo opuesto cuando dejas tu auto "aparcado" a un metro del cordón en un ángulo de 37 grados. ¡Que no te pase eso! Mejor, aprende a dominar esa destreza de aparcar entre autos y todo lo demás te resultará fácil.

PASO 1. **Encuentra un espacio**

Sobre el mismo lado de la calle en la que te estás desplazando, encuentra un espacio lo suficientemente grande como para tu auto y usa la luz indicadora de cruce.

PASO 2. **Ponte en línea**

Detente junto al auto que está delante del espacio que piensas ocupar. Para empezar, lo mejor será que haya entre 70 cm y un metro entre tú y el otro auto. Tienen que quedar parejos, uno al lado del otro, con los parachoques traseros a la misma altura.

PASO 3. **Mira por los espejos**

Mira en los espejos retrovisores, del costado y del frente, para ver que no haya gente, ni obstáculos, ni otros vehículos.

PASO 4. **Mira la calle**

Mira por sobre tu hombro para ver si hay tráfico. No intentes estacionar entre dos autos mientras haya vehículos que intentan rodearte para seguir adelante.

PASO 5. **Pon reversa**

Una vez que la mitad de tu auto haya pasado el parachoques del auto estacionado, gira el volante hacia la derecha hasta el final y LENTAMENTE empieza a retroceder. Mira el lado del pasajero y al frente de tu auto mientras vas girando y pasas el parachoques del otro auto.

PASO 6. **Endereza**

Cuando tu auto haya quedado en un ángulo de 45 grados con respecto al cordón de la acera, gira el volante hacia la izquierda para que el frente de tu auto vaya alineándose con la parte trasera del auto que quedará adelante hasta que tu auto quede paralelo al cordón.

PASO 7. **Lento hacia adelante**

Ahora usa Drive o la primera marcha, y avanza muy, pero muy lento hacia adelante. Tal vez necesites maniobrar un poco con el volante hacia la derecha para acercarte más al cordón. Asegúrate de centrar tu auto en el espacio de modo que a los autos que hay delante y detrás les quede lugar para cuando quieran salir.

¿Verdad o ficción masculina?

Los hombres saben estacionar entre dos autos mejor que las mujeres.

Ficción. La verdad es que no importa quién conduzca el auto, si él o ella. Lo que más importa es el conocimiento, la práctica y la aplicación en el mundo real de los ángulos matemáticos, la percepción de la profundidad y las relaciones espaciales. Sí, esta es la respuesta a la pregunta sobre cuándo en la vida vas a usar la aburrida geometría. A las matemáticas no les importa si eres hombre o mujer.

retroceder con un remolque

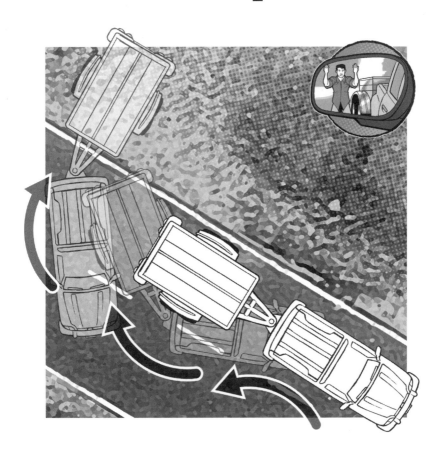

NECESITARÁS:
- Vehículo con remolque acoplado
- Amigo para que te indique

TIEMPO REQUERIDO:
- 1 a 5 minutos

A los tipos que tienen dislexia esto les va a gustar. Su forma invertida de pensar al fin les será útil. Para enganchar un tráiler o remolque hay que pensar hacia atrás. Cuando empujas la carga, si giras las ruedas a la derecha el tráiler irá a la izquierda en tanto que si giras a la izquierda se moverá a la derecha. Piensa en esto, sé paciente contigo mismo, y practica todo lo que haga falta antes de intentarlo en la rampa para botes. Tu orgullo saldrá indemne y el poste al que no le pegaste también te lo agradecería si pudiera.

PASO 1. **Mira alrededor**

Camina alrededor del vehículo y el tráiler, y también recorre el camino que piensas andar con el auto mientras retrocedes con el tráiler. Fíjate si hay obstáculos que tienes que eludir.

PASO 2. **Ponte en línea**

Antes de retroceder, avanza lo suficiente como para que el auto y el tráiler estén alineados, tanto como sea posible.

PASO 3. **Pide ayuda**

Que tu amigo o alguien en quien confíes se pare de lado del conductor, junto a la parte trasera del tráiler. Tienes que poder ver y oír a la persona en todo momento.

PASO 4. **Marcha atrás**

Tras ver que no haya obstáculos alrededor, retrocede y comunícate con quien te ayude.

PASO 5. **Leve curva**

La clave del control de la marcha atrás con el tráiler está en no exagerar. Gira el volante lentamente para darle la dirección deseada de giro al tráiler. Recuerda que si giras a la derecha el tráiler irá hacia la izquierda. Y si giras hacia la izquierda el tráiler irá hacia la derecha.

PASO 6. **Sigue al tráiler**

¡Lentamente y sin exagerar! Si el tráiler se va demasiado en una dirección, detente y avanza un poco para volver a alinearlo. Siempre verifica alrededor, comunicándote con quien te da las instrucciones, y retrocede lentamente.

PASO 7. **Corrige constantemente**

Si el tráiler se desvía demasiado, detente y avanza para volver a ponerlo en línea. Siempre mira alrededor, comunícate con la persona que te está ayudando, y luego sigue retrocediendo.

Completa la maniobra

Cuando el tráiler esté justo donde quieres que esté, pon tu palanca en Park o punto muerto y aplica el freno. ¡Bien hecho! Ahora tu corazón puede volver a latir normalmente.

Tipo listo

"Cuando dudes, sal de ahí. Incluso si tu duda es tan solo del 1% sobre lo que hay detrás de tu vehículo o tráiler, deja de retroceder, sal del auto y mira. Es más vergonzoso chocar sin querer contra un poste que no viste, o contra el bote de pesca de alguien, que tomarte el tiempo de detenerte, bajar, ir atrás, mirar y evitarlo".

—Jay Sigafoos,
ex instructor de conductores de UPS

actuar tras un accidente de auto

NECESITARÁS:

- Auto
- Otro auto, zanjón, muro, poste…

TIEMPO REQUERIDO:

- Un abrir y cerrar de ojos para el choque
- 1 hora o más después del choque

Los carritos chocones eran divertidos cuando eras pequeño, lo mismo que los autitos de juguete que podías apilar hasta de a cincuenta. Pero no es divertido si tu auto patina en una intersección y chocas con el parachoques de otro, y se produce una colisión en cadena. Nadie planea tener un accidente. Es por eso que se llaman "accidentes" y no "propósitos". Antes de tomar el carril de *a mí no me pasará*, considera esta alerta de tráfico. El grupo de conductores con más cantidad de accidentes al año es el de los que tienen entre 16 y 24 años. De hecho, los que tienen entre 16 y 18 son los que más probabilidades tienen de chocar. ¿Por qué? Es simple. Los jóvenes, distraídos, llenos de adrenalina suelen acelerar demasiado, seguir muy de cerca a otro auto, doblar de repente o hacer algo tonto con su Smartphone mientras conducen. Pero no tienes por qué ser uno más de ese grupo. Si tu auto choca contra otro, aquí tienes algunas reglas importantes que debieras seguir.

PASO 1. Mantén la calma

Respira hondo y mantén la calma. Inmediatamente después de un choque tu cuerpo bulle con adrenalina, así que concéntrate en respirar normalmente para mantener la calma.

PASO 2. Verifica si hay lesiones

Fíjate si tú o alguien que va contigo en el auto se han lastimado.

PASO 3. Mantente a salvo

Enciende las señales de tu auto. Si es posible, mueve tu auto hacia el costado del camino, lejos del tráfico.

PASO 4. Llama al 911

Incluso si es un choque menor y la otra persona sugiere "ocuparnos personalmente sin policías ni compañías de seguro", siempre llama a la policía.

PASO 5. Llama a tu aseguradora

Llama a tu compañía aseguradora o al agente que te atiende. Usa el número de emergencias que figura en los papeles. Explica la situación y escucha las instrucciones con atención.

PASO 6. Documéntalo todo

Toma muchas fotografías y anótalo todo acerca de la escena del accidente, daños a vehículos u objetos, y todas las lesiones.

PASO 7. Intercambia información

Habla con el otro conductor y con todos los testigos. Asegúrate de intercambiar información importante como nombres, domicilios, números de teléfono, información de la aseguradora, números de póliza, licencia de conducir y número de licencia del auto. Sé educado, limítate a los hechos, y nunca digas que el accidente fue culpa tuya aunque pienses que sea así.

PASO 8. **No firmes nada**

No firmes ningún documento a menos que sea para la policía o TU compañía de seguros.

PASO 9. **Conduce a salvo**

Si la policía dice que puedes seguir con tu auto, ve tan solo hasta donde puedas hacerlo revisar o reparar.

Más info

Jamás escapes de la escena de un accidente. Si lo haces, tu accidente se convierte en escena de delito.

comportarte si la policía te detiene

NECESITARÁS:
- Auto
- Pies de plomo

TIEMPO REQUERIDO:
- 10 a 20 minutos

Las luces rojas y azules aparecen en tu parabrisas trasero y tu corazón da un salto mientras tu frente se llena de gotitas de sudor. ¡Te atraparon! Cálmate, no estás arrestado. Ahora que la policía tiene tu atención, querrá conversar contigo. Así que detente a un lado del camino, mantén la calma y recuerda que probablemente haya una buena razón por la que tú y la policía estén a punto de conocerse. Si es así, tal vez ya sepas qué fue lo que hiciste. Y si no, el agente de policía te hará algunas preguntas que ayudarán a que entiendas la razón.

PASO 1. Detente

Usa la señal de cruce y busca un lugar seguro donde puedas salirte del camino. Apaga el motor y espera hasta que el policía se acerque a tu auto.

PASO 2. Permanece en el auto

Con el cinturón abrochado, apaga la música, baja la ventanilla y ni pienses en tomar tu teléfono celular.

PASO 3. Muéstrale tus manos

Deja tus manos sobre el volante para que el policía las vea.

PASO 4. Entrega los papeles

Busca tu licencia de conducir, los papeles del vehículo y del seguro automotor, pero solo cuando te los pidan.

PASO 5. Responde con la verdad

Mira al agente de policía a los ojos y siempre responde con la verdad. ¡No mientas!

PASO 6. Acéptalo

Puede ser que te hagan una multa o no. No importa qué decida el policía, acéptalo como un hombre. Si quieres apelar, tu momento llegará cuando debas presentarte. Este no es el momento, ni tampoco es el lugar.

¿Verdad o ficción masculina?
Cuando la policía te detiene es obligatorio que te multen.

Ficción. En verdad, "el agente decidirá qué hará contigo cuando haya tenido oportunidad de hablar y oír tu parte. Tu sinceridad, actitud, tono de voz y hasta tu historial como conductor podrán influir en la decisión del agente sobre si te multará o no".

—Agente B. Harris,
departamento de policía de Portland

COMIDA Y COCINA

9

Los tipos que son dependientes necesitan que alguien los alimente, en tanto que el hombre independiente sabe manejarse en la cocina. El hombre seguro de sí mismo y que sabe preparar comida para sí y para los demás es el que sabe cortar en rebanadas, en dados, hervir y asar. En resumen, es el hombre con quien todos quieren estar cuando llega la hora de comer.

El empresario, padre y hombre de familia Guy Fieri es un cocinero *simpático* que sabe lo que significa la cocina. Pero mucho antes de que apareciera en la televisión, este chef —ahora una celebridad— con sus pelos de punta, sus gafas de sol y sus autos clásicos, ya sabía preparar el tipo de comida que a la gente realmente le gusta comer.

Fieri aprendió a sentirse cómodo en la cocina siendo muy joven. En una conversación franca con seguidores y reporteros durante un festival de comida en California, el hoy famoso Guy Fieri recordaba que había preparado su primera comida cuando tenía tan solo diez años. "Recuerdo a mi padre, sentado allí. Comió un bocado de su filete y me miró. Dejó el tenedor y el cuchillo, y yo pensé: *Oh, no... me metí en líos.* Papá me miró y dijo: 'Sabes... debe ser el mejor filete que haya comido en mi vida'. Me sentí como un león. Fue la sensación más maravillosa del mundo".[1] Guy descubrió algo especial sobre sí mismo ese día. "Podía cocinar, hacer felices a los demás y mi hermana tendrá que lavar los platos. Nací para hacer esto", decidió. Pero como todo buen hombre Guy sabía que la persistencia sería el ingrediente de su receta para el éxito y la única forma en que se ganaría un lugar permanente a la mesa del mundo culinario.

Después de cocinar su primer filete, Guy dio otro gran paso en la cadena alimentaria cuando aprendió a preparar y servir algo rico pero retorcido. Lo obsesionaban los pretzels blandos y estaba abierto a la idea de ganar dinero haciendo lo que le encantaba. Fieri entonces construyó su primer carrito de pretzels y se dedicó a hacerlos y venderlos cuando estaba en el quinto grado. Su carrito se llamaba "El grandioso pretzel" y con él, ganó dinero suficiente como para poder dar el siguiente paso en su vocación como cocinero. A los dieciséis años dejó la comodidad de su hogar para estudiar en el extranjero durante once meses; fue a Chantilly, en Francia. Como estudiante de intercambio pudo valorar lo diferente: idiomas, culturas, creaciones culinarias. Y así fue todo el tiempo desde su juventud. Guy recién estaba empezando.

Pero fue después de que volviera a Estados Unidos y que terminara la escuela secundaria y la universidad que trabajó como encargado de un restaurante, hasta que al fin pudo abrir su propio local de comidas. Entonces las cosas empezaron a cocinarse bien para Fieri. Su gran momento llegó cuando ganó el concurso del programa televisivo *The Next Food Network Star*, un *reality* show de la Food Network. El público no solo amó sus comidas sino también su aspecto, su actitud y el nivel de confianza y seguridad que mostraba, tanto dentro como fuera de la cocina. Lo que hacía sobresalir a Fieri era su espíritu aventurero y la buena disposición para probar cosas nuevas. Fue eso y su compromiso a ayudar y alentar a las nuevas generaciones de cocineros que quieren aprender a ser independientes en la cocina. El mensaje de Guy para los jóvenes cocineros de hoy es sencillo: Inténtalo, solo pruébalo. No hace falta que seas perfecto. No significa que vas a lograrlo todo hoy y que te resultará tan fácil como un videojuego. No hay nada que te haga sentir mejor que el cocinar algo rico y que la gente con quien lo compartes y comes te digan: "¡Ah!" Ese es el éxito de verdad. Al igual que el chef Fieri también tú tienes que estar dispuesto a correr algunos riesgos. Tienes que estar dispuesto a intentarlo. No todo lo que hagas será perfecto. No todo lo que hacen los chefs les sale perfecto. Solo hay que intentarlo y cocinar.

Conoce a Guy Fieri

Guy Fieri es un famoso chef, especialista en restaurantes, celebridad televisiva, escritor, fundador de Cooking With Kids [Cocinemos con los chicos] (CWK) y orgulloso padre de dos hijos.

hacer café

NECESITARÁS:
- Cafetera
- Café molido
- Molinillo de café (si tienes)
- Filtro de café
- Taza

TIEMPO REQUERIDO:
- 15 minutos

El café es la bebida original que nos da energía. Desde los reyes a los toscos vaqueros, el grano de café ha servido para despertar y dar energía a todos durante siglos. Compra a diario el café en la cafetería de tu localidad y verás que en un año entero gastarás unos $1.500 en esta bebida. Pero si la preparas en casa, la misma taza a diario costará tan solo $300 en el mismo período de tiempo. Lo que hagas con los $1.200 que te queden es cosa tuya. Podrías invertirlos en una empresa cafetera que recién comience y probablemente te vaya muy bien.

PASO 1. Prepara la cafetera

Fíjate que esté limpia, lista para usar.

PASO 2. Mide el agua

Agrega agua fría en el reservorio de agua de la cafetera, en cantidad suficiente como para las tazas que quieres beber.

PASO 3. Muele el café

Si compraste café molido, ve al paso 4. El café recién molido sabe mejor. Muele solo la cantidad de granos que necesitas para esta vez.

PASO 4. Cambia el filtro

Inserta el nuevo filtro de café en el canastillo de la cafetera.

PASO 5. Mide la cantidad de café

Mide y agrega el café molido dentro del filtro. Si te gusta suave, usa entre 1 y 1½ cucharadas de café molido por cada 180 ml de agua. ¿Te gusta más fuerte? Usa de 2 a 2½ cucharadas por cada 180 ml de agua.

PASO 6. Enciende la cafetera

Ubica la cafetera vacía debajo del filtro y enciéndela.

PASO 7. Disfruta

Cuando esté listo el café, sírvete la taza y disfruta el sabor a cafeína bien caliente.

Más info

Guarda el café a temperatura ambiente en un contenedor hermético y opaco. Para asegurarte de que siempre esté fresco, usa el café dentro de los siete días de haber abierto el paquete.

hacer panqueques

NECESITARÁS:
- Ingredientes
- Taza medidora
- Cucharas medidoras
- Cuenco grande para mezclar
- Cuchara para mezclar

- Sartén o panquequera
- Espátula plana
- Hornalla

TIEMPO REQUERIDO:
- 15 minutos

Elige si los llamarás panqueques o como quieras decirles. Porque cualquier varón podrá comer tres panqueques de tamaño normal pero si aprendes a hacerlos podrás decidir de qué tamaño serán. Podrán ocupar el plato entero y medir más de treinta centímetros de diámetro. Su fuerza de gravedad te atraerá cuando les pongas encima manteca, melaza, fruta o tocino. Y además ¡podrás apilarlos!

PASO 1. Reúne los ingredientes

Con esta receta podrás hacer 18 panqueques normales o 6 gigantes

- 3 tazas de harina común
- 3 cucharadas de azúcar blanca
- 3 cucharaditas de polvo para hornear
- 1½ cucharadita de bicarbonato de soda
- ¾ cucharaditas de sal
- 3 tazas de suero de leche
- ½ taza de leche
- 3 huevos
- 1/3 taza de manteca derretida

PASO 2. Mezcla los ingredientes secos

En un cuenco grande mezcla la harina, el azúcar, el polvo de hornear, el bicarbonato de soda y la sal.

PASO 3. Añade los ingredientes húmedos

Añade el suero de leche, la leche, los huevos y la manteca derretida a los ingredientes secos.

PASO 4. Revuelve todo

Revuelve para mezclar bien los ingredientes secos y húmedos hasta que se forme una crema de consistencia suave y sin grumos.

PASO 5. Deja descansar la mezcla

Deja que la mezcla descanse unos cinco minutos antes de usarla.

PASO 6. Calienta la sartén o panquequera

A fuego medio, calienta la superficie de cocción, que estará lista cuando eches unas gotas de agua y se evaporen enseguida.

Utiliza aceite o rocío vegetal en aerosol para evitar que se peguen los panqueques a la superficie de la sartén. Solo necesitas un poco, sin exagerar. Ahora vierte sobre la sartén o panquequera la cantidad deseada de la mezcla que hiciste. Cuando se formen burbujas en la superficie superior, usa la espátula para dar vuelta tu panqueque.

Tipo listo

"No escatimes ingredientes para hacer tus panqueques. Usa siempre suero de leche, mezcla y luego espera unos cinco minutos antes de verter sobre la sartén".

—Jonathan

hacer huevos revueltos

NECESITARÁS:
- Huevos frescos
- Sartén
- Cuenco para mezclar
- Batidor o tenedor
- Espátula

TIEMPO REQUERIDO:
- 5 minutos

Hagámoslo fácil. Una de las formas más sencillas de preparar el desayuno es con huevos: revueltos, batidos, con un poco de sal y pimienta, los huevos aportan proteínas al comienzo del día. Con una rebanada de pan tostado y un vaso de jugo tu desayuno será más nutritivo todavía.

PASO 1. **Rompe los huevos**

Rompe los huevos y échalos en el cuenco. Dos huevos por persona es un buen comienzo.

PASO 2. **Bate los huevos**

Utiliza un batidor o tenedor para batir los huevos. Que la yema y la clara se unan hasta que el color sea amarillo sedoso.

PASO 3. **Calienta la sartén**

A fuego medio, calienta la sartén.

PASO 4. **Cocina los huevos**

Utiliza un poco de aceite o rocío vegetal para evitar que se peguen. Vierte los huevos revueltos en la sartén caliente. Usa la espátula para mezclarlos hasta que solidifiquen.

PASO 5. **Disfruta del desayuno**

Sirve los huevos en un plato, y agrega sal y pimienta al gusto. Disfrútalos.

¿Sabías que?

Durante siglos se han servido huevos para el desayuno. Los historiadores de las Indias Orientales creen que ya en el año 3200 A.C. se criaban gallinas y pollos para que pusieran huevos. En serio... ¡no se trata de qué fue primero, si el huevo o la gallina!

cocinar tocino

> La expectativa de vida sería mucho mayor si los vegetales verdes olieran tan bien como el tocino.
>
> —Doug Larson,
> medalla de oro de los Juegos Olímpicos de 1924

NECESITARÁS:
- Tocino crudo
- Sartén
- Pinzas
- Toallas de papel

TIEMPO REQUERIDO:
- 10 minutos

Con tocino todo se vuelve mejor. ¿Quieres la prueba de esto? ¿Qué se usa para que la buena comida sepa mejor todavía? Le añades tocino. ¿Qué es mejor que una hamburguesa? ¡Una hamburguesa con tocino! ¿Qué es mejor que macarrones con queso? Macarrones con queso y tocino. ¿Has probado el helado de tocino? ¡Pruébalo!

PASO 1. **Calienta la sartén**

Calienta la sartén a fuego medio. No cocines el tocino a fuego máximo porque se quemará, y lo mismo podrá suceder con tu cocina porque la grasa que salpica es inflamable.

PASO 2. **Agrega las tiras de tocino**

Ubica las tiras de tocino, una a una, sobre la sartén. Que queden una junto a la otra.

PASO 3. **Lávate las manos**

Siempre que trabajes con carne cruda tienes que lavarte las manos.

PASO 4. **Dale vuelta al tocino**

Usa pinzas para darle vuelta a cada tira de tocino de modo que se cocinen parejas de ambos lados.

PASO 5. **Cocina al gusto**

A algunos les gusta el tocino más blando que a otros. Es tu tocino. Tú decides.

PASO 6. **Seca**

Pasa el tocino cocido a unas toallas de papel para que absorban el exceso de grasa.

PASO 7. **Disfruta del tocino**

Cuando estén listas las tiras de tocino, disfrútalas. ¡Hmmmm…. tocino!

Más info

Jamás eches la grasa del tocino en la pileta de la cocina. Se solidificará y potencialmente obstruirá las tuberías. Es mejor que la grasa se enfríe en la sartén y luego la pases a un contenedor que puedas echar en el cubo de la basura.

---

cocinar pasta

NECESITARÁS:
- Olla grande
- Colador de pasta
- Agua
- Pasta
- Sal
- Cuchara medidora
- Cuchara grande
- Estufa

TIEMPO REQUERIDO:
- 15 minutos

Así que te gusta la pasta. ¿A qué hombre no le gusta? Takeru Kobayashi, por cierto, es amante de la pasta, y figura entre los récords mundiales de Guiness por haber devorado un plato con un cuarto de libra de espagueti en tan solo cuarenta y cinco segundos. ¿Piensas que podrías comer más que él? ¿Qué te parecen entonces casi 6253 kg de pasta? Los chefs del restaurante italiano Buca di Beppo de Garden Grove, California, prepararon una enorme cantidad de pasta que sirvieron en un estanque de 15.000 litros. No es extraño, porque en los Estados Unidos se consumen casi 2,7 mil millones de kg de pasta al año. En promedio son unos 6,5 kg por habitante. Aunque suene a locura, el lugar principal lo ocupan los italianos, que consumen en promedio unos 26 kg de pasta por año.

PASO 1. **Hierve agua**

Llena una olla grande con ¾ de agua y caliéntala hasta que hierva (si usas la tapa, hervirá más rápido).

PASO 2. **Agrega sal**

Mide y agrega 1 cucharada de sal al agua hirviendo.

PASO 3. **Mide la cantidad**

Casi siempre la pasta duplica su volumen cuando está cocida. Así que 1 taza de pasta cruda dará como resultado 2 tazas. Un puñado de espaguetis dará como resultado una cena para dos.

PASO 4. **Agrega la pasta**

Lentamente agrega la pasta al agua hirviendo. No hace falta tapar la olla. En general, la pasta estará lista en 8 a 12 minutos. Lee el envase, donde se indica el tiempo de cocción.

PASO 5. **Revuelve**

La pasta se pega si no la revuelves en los primeros minutos de cocción.

PASO 6. **Vigila el calor**

Si el agua bulle y se desborda la olla, baja la intensidad del calor.

PASO 7. **Pruébala**

Utilizando un tenedor, saca un bocado de la olla. Cuando se haya enfriado, pruébala. La pasta cocina es firme pero tierna, lo que se conoce como **al dente**. El color debiera ser como crema y opaco.

PASO 8. **Cuela**

Ubica un colador de pasta en la pileta de la cocina y vierte la pasta allí. Recuerda que el vapor y el agua están calientes. No te quemes. Sacude el colador para que caiga el exceso de agua. No enjuagues la pasta. El almidón que la recubre le da más sabor y ayuda a que la salsa se pegue.

Más info

El colador es un utensilio de cocina que tiene agujeros y se usa para eliminar el agua de la comida, como sucede con la pasta.

---

hacer puré de patatas

NECESITARÁS:

- Patatas
- Olla
- Colador
- Pelador de vegetales
- Cuchillo
- Pisa papas o procesadora
- Reloj
- Manteca (2 a 6 cucharadas)
- Leche (½ a ¾ de taza)
- Sal y pimienta al gusto

TIEMPO REQUERIDO:

- 35 a 45 minutos

E l puré de patatas es comida común y corriente en la mesa de muchos europeos, en particular en Irlanda y Polonia. Pero ¿sabías que las patatas son originarias de América del Norte? Así es. Este tubérculo rico en almidón llegó a Europa en 1526. Es una raíz rica en carbohidratos, que crece todo el año en muchos climas del mundo. Hervida, asada, frita o en puré, la patata o papa es la guarnición favorita de muchos en el mundo entero. Si llevamos la cuenta, fíjate en esto: los estadounidenses comen un promedio de 64 kilos de papas al año.

PASO 1. **Prepara las patatas**

Lava y pela las patatas con el pelador de papa, y quítales los "ojos" o nudos oscuros con el extremo del pelador.

PASO 2. **Corta las patatas**

Usa un cuchillo afilado para cortar cada patata en cuatro o seis partes iguales y échalas en una olla. Cubre las patatas con agua.

PASO 3. **Cocina las patatas**

Cuando el agua hierva, baja la intensidad del calor al mínimo. Espera unos 15 a 20 minutos hasta que se cuezan.

PASO 4. **Cuela las patatas**

Cuando estén tiernas como para que el tenedor entre en ellas con facilidad, sácalas de la olla y cuélalas.

PASO 5. **Agrega otros ingredientes**

Devuelve las patatas a la olla. Añade leche, manteca, sal y pimienta al gusto.

PASO 6. **Pisa las patatas**

Usa el pisa papas o la procesadora hasta que no queden grumos y el puré sea como una crema.

PASO 7. **Sirve y disfruta**

Hmmmm.

¿Sabías que?

El jardinero Peter Glazebrook de Northampton, Inglaterra, cosechó una patata de proporciones épicas. Con un peso de 3,75 kg, esa patata rompió el récord anterior de 3,54 kg.

hacer pollo al horno

NECESITARÁS:

- Pollo
- Papel para hornear o asadera
- Aceite vegetal
- Sal y pimienta al gusto
- Pincel para manteca
- Papel de aluminio
- Termómetro para carnes

TIEMPO REQUERIDO:

- Más o menos 1 hora y media

Si el clima en el patio de la casa no es propicio para un pollo asado a la parrilla, abre el horno y mételo dentro. Bien preparado, el pollo al horno es una excelente comida para servir a los amigos, la familia o a esa joven que quieres invitar a saborear comida casera.

PASO 1. Prepara el pollo

Asegúrate de que el pollo se haya descongelado del todo. Quita las menudencias que suele traer dentro. Enjuágalo y sécalo dándole golpecitos con una toalla de papel. Pon el pollo en una asadera y aplica manteca derretida o aceite sobre toda la superficie usando el pincel. Sazona con sal y pimienta. Cubre el pollo con papel de aluminio. Lávate las manos para no esparcir gérmenes por allí.

PASO 2. Calienta el horno a 400 °F (200 °C)

Fíjate que el horno llegue a los 400 °F (200 °C) una vez que lo hayas encendido.

PASO 3. Cocina el ave

Pon el pollo en el centro del horno y cocínalo durante más o menos una hora. Si pesa más de 1,6 kg, suma 10 minutos más de cocción por cada medio kilogramo. Cuando falten unos 20 minutos para que esté listo, quita el papel de aluminio para que se dore la piel. Inserta un termómetro para carnes en la parte más gorda del muslo del pollo. Estará listo cuando la temperatura marque 165 °F (74 °C) y al pinchar la carne el jugo salga claro.

PASO 4. Déjalo reposar

Cuando el pollo haya llegado a la temperatura adecuada sácalo del horno y deja reposar unos 10 minutos. Es para que los jugos se distribuyan en forma pareja en todo el pollo.

PASO 5. Limpia

Mientras el pollo reposa, limpia la cocina y lávate las manos.

PASO 6. Corta y sirve

Cuando haya reposado el pollo córtalo y sírvelo. Todo lo que sobre tienes que guardarlo en el refrigerador de inmediato.

¿Verdad o ficción masculina?

El nugget o trozo de pollo está hecho con carne blanca de calidad.

Ficción. En verdad, los nuggets de pollo se hacen con "pasta rosa de ave", separada mecánicamente y procesada. Son las partes del pollo como la grasa, el cartílago, las entrañas y la sangre que se mezclan con aditivos artificiales, se moldean en bocados, se empanan y se sirven con patatas fritas. Menos mal que existe la salsa para remojar los nuggets, ¿verdad?

asar filetes al horno

NECESITARÁS:
- Trozo de carne, filetes
- Horno
- Asadera
- Plancha para asar a la hornalla
- Aceite de oliva
- Condimentos para carne

TIEMPO REQUERIDO:
- Tiempo de cocción entre 5 y 15 minutos

¡No tienes parrilla! Y ahora ¿qué? Trae la carne a la cocina y ásala en el horno. Sí, es posible asar a la perfección si sabes cómo hacerlo. La temperatura constante y el acceso al horno no importa en qué clima hacen del asado al horno la alternativa perfecta cuando no hay parrilla.

PASO 1. **Prepara la carne**

Asegúrate de que no esté congelada. Condimenta ambos lados del filete y déjalo reposar a temperatura ambiente durante 15 minutos.

PASO 2. **Trabaja en limpio**

Para evitar la contaminación cruzada jamás apoyes carne (ni aves ni mariscos) cocida en la misma superficie en la que apoyaste el alimento crudo. Y siempre lávate las manos después de tocar carne cruda, sobre todo si vas a tocar otros alimentos. Lo mismo vale para los utensilios.

PASO 3. **Prepara el horno**

En los hornos eléctricos ajusta la parrilla superior para que quede de unos 12 a 15 cm de la unidad de calor. Para los hornos a gas, por lo general encontrarás la parrilla abriendo la puerta inferior que está debajo de la puerta del horno. Elige la opción "Asar" y mete la asadera para precalentarla.

PASO 4. **Sella el filete**

Ubica la plancha para carnes sobre la hornalla y agrega una cucharadita de aceite de oliva. Calienta la plancha a fuego fuerte y sella cada lado del filete durante unos 60 a 90 segundos.

PASO 5. **Asa la carne**

Saca la asadera caliente del horno y ubica la carne en el centro. Asa el filete unos 3 a 4 minutos de cada lado si te gusta poco cocido o 5 a 6 minutos si te gusta medio, y 7 a 8 minutos si te agrada bien cocido.

PASO 6. **Deja reposar y disfruta**

Saca la carne del horno y deja que repose unos 5 minutos antes de cortarla, para que los jugos se redistribuyan. Ahora tu filete está listo para que lo comas y disfrutes.

¿Sabías que?

El asador tiene dos opciones de temperatura: caliente y frío. Es decir: encendido y apagado. Si quieres que el calor no sea tan intenso necesitarás alejar la carne de la unidad de calor.

Consejos para cocinar carnes

¿Cómo te gustaría la carne? Cuando preparas carne vacuna o de cordero puedes elegir cuánto tiempo pasará esa carne expuesta al calor. A algunas personas les gusta la carne casi cruda en tanto que otras quieren comerla cuando ya está casi carbonizada. Ya sea casi cruda o muy oscura de casi quemada, las variaciones serán tantas como lo sean las preferencias.

Muy crudo: apenas cocido por fuera, con el centro frío y muy colorado.
Crudo: Cocido por fuera, con el centro frío y colorado.
Medio crudo: el centro está tibio pero colorado.
Medio: el centro se ve rosado y firme.
Medio cocido: el centro casi no tiene color rosado.
Bien cocido: el centro se ve marrón grisáceo.

¿Está listo? La temperatura interior de la carne determina el nivel de cocción de un corte de carne. Cuanto más baja sea la temperatura interior, más cruda estará la carne. Y cuanto más alta sea la temperatura interior, más cocida estará cuando la sirvas. Recuerda que casi todos los cortes de carne suelen seguir cociéndose al sacarlos del horno, así que siempre sirve el puerco y las aves a temperatura de "cocido" o un poco más. Es muy feo y doloroso enfermar por comer carne mal cocida. Y es la forma más rápida de hacerte vegetariano.

Carne (los termómetros suelen marcar la temperatura en grados Fahrenheit)
Muy crudo (menos de 120°)
Crudo (120° a 125°)
Medio crudo (125° a 135°)
Medio (135° a 145°)
Medio cocido (145° a 155°)
Bien cocido (155° o más)

Cordero
Muy crudo (135° a 140°)
Crudo (140° a 150°)
Medio cocido (160° a 165°)
Bien cocido (165° o más)

Aves
Pollo (165° a 175°)
Pavo (165° a 175°)

Cerdo
(150° o más)

encender el fuego de la barbacoa

NECESITARÁS:
- Parrilla
- Carbón o briquetas
- Fluido para encender fuego
- Fósforos o encendedor largo

TIEMPO REQUERIDO:
- 5 minutos

Asado a la parrilla. Hay algo en eso de asar al fuego o a las brasas que surge de los cromosomas XY de todo hombre. Tal vez se trate de algo del ADN de nuestros ancestros que, sentados alrededor del fuego, asaban lo que habían cazado. Quizá sea porque el asado puede olerse a gran distancia. Pero para un hombre, ese aroma es excelente. Más allá de la razón, hay que respetar al asador, y eso comienza con saber cómo armarlo todo para que las brasas luzcan con su perfecto color anaranjado ámbar.

PASO 1. **Abre la ventilación**

La parrilla (barbacoa o asador) suele tener ventilación. Abre los respiraderos inferiores.

PASO 2. **Quita la parrilla**

Quita la reja donde se apoyará la carne.

PASO 3. **Apila el carbón**

Forma una pirámide con las briquetas, de más o menos 15 cm de altura por 25 cm de ancho.

PASO 4. **Echa el líquido**

Utiliza el dosificador del envase para echar más o menos media taza de líquido para encender fuego (lee las instrucciones del envase del líquido).

PASO 5. **Deja que el carbón absorba el líquido**

Espera 1 minuto después del paso 4. Te asegurarás que las llamas sean parejas y evitarás el peligro de que el fuego encienda con una explosión.

PASO 6 **Enciende la pirámide de briquetas**

Con la cara y el cuerpo alejados de la parrilla, enciende las briquetas que están en la base de la pila. Enseguida se encenderá el fuego y las llamas llegarán a las que están arriba. Aparecerá humo desde el centro de la pirámide.

PASO 7. **Deja que se encienda bien**

En unos 10 a 15 minutos las briquetas se verán blancuzcas o grises y el centro de la pila estará de color rojo, bien encendido.

PASO 8. **Esparce las briquetas calientes**

Con una pinza larga de metal esparce las briquetas o brasas en forma pareja.

PASO 9. **Vuelve a colocar la reja o parrilla**

Espera hasta que la reja o parrilla se haya calentado antes de poner la comida encima.

PASO 10. **Asa tu comida.**

Tú eliges: carne, pollo, cerdo, pescado y hasta vegetales.

Más info

¡Advertencia! Jamás viertas fluido combustible sobre el fuego encendido. La llama podría subir por el chorro o el aerosol y se prenderá fuego el envase. Podría causarte quemaduras graves y peligrosas.

asar la carne

NECESITARÁS:

- Corte de carne elegido
- Parrilla caliente
- Utensilios de mangos largos o tenedor
- Aceite de oliva
- Condimentos para carne

TIEMPO REQUERIDO:

- 6 a 20 minutos

Carne. Filete. No hace falta ir a un restaurante caro para disfrutar de una rica carne. Si sabes lo más básico y conoces los cortes de carne, podrás ganarte la reputación del buen asador de tu cuadra.

PASO 1. Saca la carne del refrigerador

Unos 20 minutos antes de asar la carne, ponla en una bandeja cubierta a temperatura ambiente.

PASO 2. Condimenta a gusto

Unta con aceite de oliva los lados del filete y condimenta con especias. Puedes mezclar partes iguales de sal y pimienta para empezar.

PASO 3. Sella por fuera

Usa los utensilios para poner el filete sobre la parte más caliente de la parrilla, y sella los lados durante 2 a 4 minutos, hasta que veas que se dora o tuesta un poco por fuera. Ahora tu filete oficialmente se llamaría Crudo.

PASO 4. Cocina el interior

Pasa el filete a la parte menos caliente de la parrilla y espera unos 3 a 5 minutos de cada lado si te gusta medio crudo (temperatura interior 135°F), o 5 a 7 minutos si te gusta cocido (temperatura interior 140°F) y 7 a 10 minutos si te gusta medio cocido (150°F).

PASO 5. Disfruta

Saca la carne de la parrilla o deja que repose unos minutos antes de servirla en el plato. Eso dependerá de tu preferencia.

Tipo listo

"No hace falta una salsa especial para la carne. Si es fresca y buena solo harán falta sal y pimienta".

—Chris Lyons, juez de la Asociación de BBQ (Asadores de barbacoa) de Carolina del Sur.

Conoce los cortes de carne

No todos los cortes de carne son iguales. Antes de ir a la carnicería, será mejor que pienses qué es lo que vas a comer. Aprende los nombres y cortes de carne porque eso marcará la diferencia entre carne que se derrite en tu boca y carne dura como suela de zapato.

Lomo: también se conoce como filet o filet miñón, y suele considerarse carne para ocasiones especiales. Porque la parte del cuerpo de la vaca de donde proviene no trabaja mucho, por eso es muy tierna. Si la cocinas correctamente, hasta puedes cortarla con el tenedor.
Costo: caro
Muy tierna
Cantidad de grasa: baja
Sabor: medio

Strip Steak (o filete de tira): se conoce también como New York strip o corte Kansas City, y es carne perfecta para asar en cualquier ocasión. Por lo general tiene a un costado una tira de 1 cm de grasa. Córtala después de asarla para que la carne adquiera su sabor.
Costo: medio
Muy tierna
Cantidad de grasa: mucha
Sabor: pleno

Ojo de costillar: se obtiene de la parte central del costillar de la vaca, es carne muy jugosa si la cueces correctamente. Hasta parecerá derretirse en tu boca.
Costo: medio
Muy tierna
Contenido de grasa: mucha
Sabor: medio

Chuleta / chuletón: en realidad, son dos filetes en uno. De cada lado del hueso hay carne con forma diferente, con strip steak de un lado y lomo del otro. Recuerda que el hueso influye en la forma en que se cocina la carne porque cerca del mismo se cuece más lentamente. Eso significa que los bordes quedarán más cocidos en tanto que la parte cercana al hueso estará más cruda
Costo: medio
Muy tierna
Contenido de grasa: poca del lado del lomo, mucha del lado del strip
Sabor: medio a pleno

Solomillo: no es la mejor carne para asar, porque se corta de la parte superior del lomo trasero, donde los músculos trabajan más. Es buena para estofados, o cortada en cubos y cocida con vegetales en un pincho.
Costo: reducido
No muy tierno
Contenido de grasa: bajo
Sabor: medio

Cola de cuadril: un corte que debe condimentarse o marinarse antes, y que se cocina mejor a baja temperatura durante más tiempo. Suele servirse en rodajas medianas o finas, de corte transversal.
Costo: reducido
No muy tierno
Contenido de grasa: bajo
Sabor: pleno

Vacío: el vacío proviene del músculo abdominal bajo de la vaca, que es fuerte y trabaja mucho. Por eso la carne es más dura y será mejor servir cortes transversales. Se hará más tierna si se deja durante la noche marinándose; también podrás frotar los condimentos secos sobre la superficie de la carne la noche anterior.
Costo: bajo
No muy tierno
Contenido de grasa: bajo
Sabor: medio

Falda: El corte proviene de debajo de las costillas, por delante del flanco. La falda es alargada y plana, y se disfruta su sabor pero no es tierna. Es mejor servir cortes transversales.
Costo: bajo
No muy tierno
Contenido de grasa: bajo
Sabor: pleno

asar carne de cerdo

NECESITARÁS:

- Barbacoa
- Chuletas de cerdo
- Pinzas
- Papel de aluminio
- Plato
- Termómetro para carnes

TIEMPO REQUERIDO:

- 20 a 30 minutos

Cerdo. Se conoce como "la otra carne blanca" y es muy popular en todo el mundo. La historia guarda registros de cría de cerdos ya en el año 5000 A.C. Las chuletas de cerdo son sabrosas y tiernas, y son una buena comida para cualquier momento del año. Solo hay que vigilar cuánto comes porque si consumes demasiado pasarás a los primeros puestos de la lista de candidatos a enfermedades cardíacas. Y, sin embargo, se usan las válvulas de corazón de cerdo para reemplazar las válvulas humanas dañadas, de modo que el mismo cerdo que te estropea el corazón también puede servir para arreglarlo.

PASO 1. Enciende y calienta la parrilla

Calienta la parrilla hasta que la temperatura esté entre medio y caliente. Mientras esperas, deja que las chuletas reposen a temperatura ambiente para que la cocción sea pareja.

PASO 2. Coloca las chuletas sobre la parrilla

Usa las pinzas para colocar las chuletas de cerdo sobre la parrilla y cierra la tapa.

PASO 3. Rota a 45 grados

Si las chuletas son de unos 2 cm de grosor tendrás que rotarlas 45 grados tras 2 minutos. Cierra la tapa durante 2 minutos más. Si son más gruesas, haz lo mismo pero esperando un poco más por cada lado.

PASO 4. Da vuelta a las chuletas

Usa las pinzas para dar vuelta a las chuletas. Repite el paso 3. El tiempo total de cocción para chuletas de unos 2 cm de grosor es de 8 a 9 minutos. La temperatura interna debe ser de al menos 150°F.

PASO 5. Deja reposar

Saca las chuletas de la parrilla y colócalas en un plato. Cúbrelas con papel de aluminio y espera unos 5 minutos antes de servir.

¿Sabías que?

"Sudar como un cerdo" es una frase que nada tiene que ver con los cerdos, sino con el hierro. Porque los cerdos no sudan, pero el metal caliente sí. Cuando se calienta el hierro que se saca de la veta, las temperaturas son altísimas. Luego el metal se vierte en un molde. Mientras el metal líquido se enfría no se puede mover. ¿Cómo saber cuándo se ha enfriado lo suficiente? Cuando "suda". Cuando el metal derretido se enfría el aire que lo rodea, llega al punto de rocío y se forman gotas sobre la superficie del metal.

asar costillas de cerdo

NECESITARÁS:

- Costillas (¿de vaca o de cerdo? Las de vaca tienen más carne sobre el hueso, pero las de cerdo suelen ser más tiernas).
- Parrilla o barbacoa
- Plato o bandeja
- Cuchillo
- Salsa barbacoa
- Condimentos secos para sazonar
- Termómetro para carne
- Pincel
- Pinzas
- (Opcional) astillas de madera aromática

TIEMPO REQUERIDO:

- Aproximadamente 2 horas

La Asociación Nacional de la Barbacoa ha designado a mayo como el mes oficial nacional de la barbacoa. No estás soñando. Es verdad. Para que la temporada veraniega de barbacoa sea todavía más caliente, aquí tienes algunos datos que serán útiles porque a todo hombre le interesa conversar junto a la parrilla.

1. Cada día se utilizan más de 250.000 toallitas húmedas para limpiar dedos o caras sucias de salsa barbacoa.
2. La salsa barbacoa original tiene siglos de antigüedad, y se preparaba con vinagre y pimienta.
3. Lyndon B. Johnson, trigésimo sexto presidente de Estados Unidos, fue anfitrión de la primera barbacoa de la Casa Blanca. El menú incluyó costillas al estilo Texas.

Las costillas a la barbacoa son tema de conversación y, mientras se están asando, lo más importante es esperar a que estén listas. Con salsa, condimentadas, dulces, agrias o como más te gusten, la verdad es que son un sueño hecho realidad para los amantes de la carne.

PASO 1. Prepara las costillas

Corta todo el tejido sobrante que no sea carne y enjuaga las costillas con agua. Ubícalas sobre una bandeja o plato y frota con la mano el condimento seco para que su sabor penetre en la carne.

PASO 2. Deja reposar

Lleva las costillas sazonadas al refrigerador y déjalas allí durante una hora.

PASO 3. Prepara la barbacoa

Mientras se sazonan, prepara la barbacoa. La temperatura tiene que ser media.

PASO 4. Asa las costillas

Ubícalas sobre la parrilla, sobre calor indirecto. Asa cada lado durante 15 a 20 minutos. Recuerda que estarán cocidas cuando la temperatura llegue a 180°F.

PASO 5. Unta con salsa

Usa un pincel de cocina para untar las costillas con salsa barbacoa. Deja las costillas sobre el calor indirecto durante 10 minutos más para que se impregnen con el aroma y sabor de la salsa.

Cuando la temperatura de las costillas llegue a 180 °F estarán listas para que las cortes y sirvas.

¿Sabías que?

No es tan difícil darles ese sabor ahumado a las costillas. Lo primero que debes hacer es empapar unas astillas de madera aromática en agua durante 10 minutos. Luego, cuela las astillas de madera y ponlas en una bandejita de aluminio junto a las brasas calientes. Cuando empiecen a echar vapor, y luego humo, podrás asar las costillas.

asar un pollo entero

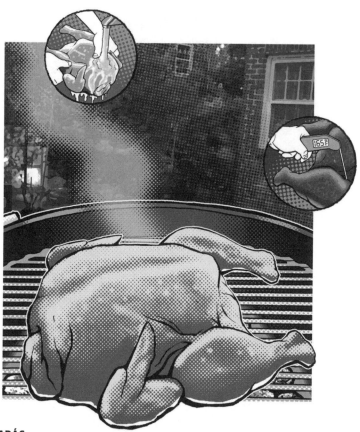

NECESITARÁS:

- Un pollo entero
- Aceite
- Sal y pimienta al gusto
- Parrilla
- Pinzas
- Termómetro para carnes

TIEMPO REQUERIDO:

- 40 a 60 minutos

Es extraño que muchos digan que hay tantos tipos de carne que saben a pollo. ¿Cuándo fue la última vez que oíste decir que el pollo tiene sabor a conejo o lagarto? Jamás. Siempre afirman que es al revés. Es porque el pollo es tan popular que se ha convertido en la comida "de referencia". La gente olvida que el pollo tiene sabor a pollo, por supuesto. Y nos gusta mucho comerlo. Según el Departamento de Agricultura de Estados Unidos (USDA), cada año los estadounidenses consumen más de 25 kg de pollo por persona: carne más blanca, más oscura, alas o nuggets. Eso es muchísimo sabor. Para que tu próxima comida de pollo sea memorable, no ordenes un sándwich de pollo procesado. Más bien, intenta asar tú mismo un pollo entero.

PASO 1. **Prepara el ave**

Saca el pollo de su envase. Enjuágalo y sécalo con toallas de papel.

IMPORTANTE.
Mete la mano en la cavidad y saca las "partes" ocultas. Muchas veces el corazón, el hígado y el pescuezo están allí para que cada quien decida si quiere comer las entrañas o no.

PASO 2. **Prepara la parrilla**

Calienta la parrilla hasta que la temperatura llegue a media.

PASO 3. **Asa el pollo**

Ahora ubica el pollo sobre la parrilla, de espaldas. Cierra la tapa y deja que se ase durante 25 minutos.

PASO 4. **Da vuelta al pollo**

Usa pinzas para dar vuelta al pollo y que quede sobre el pecho. Cierra la tapa y sigue asando durante 20 a 30 minutos más.

PASO 5. **Toma la temperatura**

Inserta el termómetro en la parte más gorda del muslo. El pollo estará listo cuando el jugo salga claro y la temperatura del termómetro llegue a 165 °F.

PASO 6. **Deja reposar**

Cuando haya llegado a la temperatura adecuada, saca el pollo de la parrilla y deja reposar durante 5 minutos para que los jugos se redistribuyan por toda la carne.

PASO 7. **Limpia**

Mientras el pollo reposa, limpia la parrilla.

¿Verdad o ficción masculina?

El pollo crudo puede enfermarte mucho

Verdad. Todos los años hay unos 40.000 casos de salmonelosis en EE.UU. El pollo crudo o mal cocido puede transmitir salmonella. Los síntomas incluyen diarrea, fiebre y fuerte dolor abdominal, unas 12 a 72 horas después de infectarte. La mayoría de los casos sanan sin tratamiento.

asar pescado

NECESITARÁS:
- Pescado
- Parrilla
- Cuchillo
- Rocío vegetal
- Tenedor

TIEMPO REQUERIDO:
- 15 a 20 minutos

Ha llegado la hora de asar agallas. Si está bien preparado, el pescado a la barbacoa sabe riquísimo. Tienen Omega 3 y vitaminas como la D y la B, y el pescado asado es una forma sencilla de equilibrar tu dieta, haciendo que sea saludable para tu corazón. Como guarnición podrás elegir arroz, vegetales frescos y un poco de fruta, y tu comida sana no te tomará más de 20 minutos de preparación.

PASO 1. **Prepara el pescado**

Si usas pescado fresco tendrás que cortarlo en filetes y quitar las espinas. Si usas filetes, asegúrate de que el pescado no esté congelado.

PASO 2. **Prepara la parrilla**

Si hace falta (ver paso 3) usa rocío vegetal antes de encender la parrilla. Tendrá que llegar a temperatura medio alta.

PASO 3. **Asa el pescado**

Si usas pescado fresco, ubícalo con la piel hacia abajo. Si no usas pescado fresco, rocía la parrilla con el aerosol vegetal para que no se pegue.

PASO 4. **Sazona al gusto**

Podrás sazonar con hierbas frescas o con el condimento que te guste, sobre el lado de la carne.

PASO 5. **Cocina hasta que esté listo**

Tras unos 8 minutos, pincha la parte más gorda del pescado con un tenedor. Si se abre en escamas y no tiene brillo, el pescado está listo.

PASO 6. **Saca de la parrilla y sirve**

Cuando el pescado haya llegado a los 145 °F podrás sacarlo de la parrilla y servirlo de inmediato.

Más info

El pescado asado con su piel tiene más sabor. Además, la carne no se quemará. Puedes retirar la piel cuando esté listo para que sea más fácil servirlo y comerlo.

---

afilar la cuchilla

10°-20°

Es muy conveniente que la cuchilla de cocina esté siempre bien afilada. Ahorrarás tiempo, energía y frustración. Además, te ahorrarás el feo momento de cortarte el dedo porque la cuchilla sin filo no corta el pan que sostienes en la mano. Ahórrate ese problema dedicando unos minutos al mes para afilar los cuchillos y cuchillas de tu cocina. La comida se verá mejor, cortada prolijamente, y sabrá mejor porque no te habrás cortado los dedos mientras la preparabas.

PASO 1. **Prepara la piedra**

Vierte bastante aceite mineral sobre el lado áspero de la piedra de afilar, cubriendo toda la superficie.

PASO 2. **Ubica la cuchilla en ángulo**

Apoya la hoja del cuchillo o la cuchilla sobre la piedra, en un ángulo de entre 10° y 20°.

PASO 3. **Afila un lado**

Ahora mantén la cuchilla plana sobre la piedra en el ángulo deseado, y manteniendo ese ángulo, arrastra la cuchilla a lo largo de la piedra con presión moderada. Repite el procedimiento unas 6 a 12 veces por cada lado.

PASO 4. **Afila el otro lado**

Da vuelta a la hoja de la cuchilla y repite el proceso de afilado.

PASO 5. **Repite, con piedra fina**

Ahora da vuelta a la piedra de afilar y repite el proceso pero sobre el lado suave de la piedra. Así te aseguras un filo parejo a lo largo de toda la hoja.

Tipo listo

"Solo el haragán corta con cuchillo sin filo".

—Roger Stensland (abuelo de Jonathan)

HERRAMIENTAS Y REPARACIONES

10

Desde los comerciantes profesionales a los guerreros del fin de semana, los hombres del mundo entero se enorgullecen de esa sensación de victoria que sienten cuando su lista de "cosas por hacer" pasa a ser la lista de "cosas terminadas". Para lograr que todo quede como debe, cada uno de nosotros necesita aprender un par de cosas sobre una cantidad de distintas herramientas. Con algo de conocimiento, buenas herramientas durables y el ojo del artesano que conoce la calidad, también tú estarás equipado con lo que hace falta para poder enfrentar ese proyecto tipo "Hágalo usted mismo" y dejarlo todo mejor que antes.

Lo que más nos conviene es contar con la ayuda de alguien que sepa cómo aprovechar esos momentos y herramientas. Ned Wolf es experto en ello. ¿Por qué? Bueno, porque —por mucho tiempo— Ned fue gerente de capacitación de producto de IRWIN Tools, uno de los más grandes fabricantes y distribuidores de herramientas manuales y eléctricas en todo el mundo. Todos los días Ned va a trabajar a su oficina, taller o sueño hecho realidad, que tiene todas las paredes llenas de herramientas y accesorios de calidad; lo mejor que conozca el ser humano. Tanto el herrero más rudo como el carpintero más santo considerarían el área laboral de Ned como el espacio de trabajo-juego más espléndido, el sueño de todo artesano.

Ned tiene muchos pedidos de ayuda, por lo que comparte su conocimiento y su tiempo con los más grandes de la industria. Sin embargo Ned siempre quiere compartir sus talentos con esos varones que recién empiezan a formar su colección de herramientas y están aprendiendo. Su consejo más apreciado es sencillo: "Haz que el trabajo sea divertido".[1]

Cuando un hombre sabe de herramientas, sabe cómo usarlas, y su trabajo requiere del uso de herramientas, entonces el trabajo es divertido. Yo solía usar mis herramientas para jugar, ahora trabajo con herramientas y mi trabajo se ha convertido en mi juego. Tengo estas herramientas y puedo jugar con ellas para hacer cosas o hasta para ayudar a que otros puedan completar sus proyectos. Si necesitan trabajar en su auto, puedo jugar con eso. Si tienen que reparar algo en su casa, bueno, también es un juego. Si sabes cómo usar correctamente las herramientas, el trabajo se vuelve un juego. Es divertido saber cómo arreglar cosas. Puedes dar una buena impresión ante alguien, si quieres, y también puedes ayudar a otros arreglando cosas tan solo porque te gusta y lo haces como favor. El uso de las herramientas es mucho más que hacer cosas. El trabajo, el juego, los arreglos, el servicio, todo lo relacionado con tener herramientas y saber usarlas puede ser divertido y significativo.

El señor Wolf no piensa que todos debiéramos llenar nuestros garajes con herramientas que hacen falta para cualquier proyecto, aunque sí cree que si vas coleccionando herramientas y aprendiendo a usarlas algún día todo eso te servirá de mucho.

Aquí van cincuenta cosas que todo hombre de proyectos tipo "Hágalo usted mismo" querrá tener y cuidará con orgullo:

1. Llave ajustable (llave inglesa)
2. Escoba
3. Grampas
4. Cinta de medir con tiza
5. Pinza pico de loro
6. Cinceles
7. Amoladora
8. Sierra circular
9. Escuadra
10. Barra sacaclavos
11. Taladro (con o sin cable)
12. Mechas y brocas (para metal y madera)
13. Cinta de pegar
14. Barbijo
15. Palita
16. Tapones para oídos
17. Cinta aisladora
18. Extensión eléctrica
19. Linterna
20. Destornillador plano
21. Martillo
22. Serruchos de mano (para madera y metal)
23. Juego de llaves Allen
24. Sierra caladora
25. Escalera
26. Nivel
27. Pinza para cables
28. Llaves fijas (métricas o de pulgadas)
29. Destornillador Phillips
30. Llave de tubo
31. Desatascadores (para pileta e inodoro)
32. Espátula para masilla
33. Sierra recíproca
34. Antiparras
35. Bloque para lijar
36. Papel de lija
37. Pinza
38. Juego de tubos para llave
39. Escuadra para inglete
40. Banquito
41. Busca vigas
42. Sierra de mesa
43. Cinta de medir
44. Cortador o trinchete
45. Tijera para metal
46. Morsa
47. Cortacables
48. Pelacables
49. Pegamento
50. Luz en la mesa de trabajo

Conoce a Ned Wolf

Ned Wolf conoce las herramientas. Tiene que conocerlas porque ha trabajado como gerente de capacitación de producto en IRWIN Tools tras forjarse una sólida reputación en el Vermont American Tool Group.

leer la cinta de medir

> El que culpa a sus herramientas es mal artesano y quien no sabe hacer las cosas no tiene herramientas a las que culpar.
>
> —Roger Stensland, carpintero

NECESITARÁS:
- Cinta de medir

TIEMPO REQUERIDO:
- 5 segundos

Mide dos veces. Corta una vez. Y si el material es costoso, mide tres veces. Esta es una de las lecciones más valiosas que aprende de cualquier artesano y, a veces, lo aprende de la forma más dura al cortar un tablón demasiado corto. Es mejor estar a la altura de las circunstancias y saber medir bien para ahorrar tiempo, dinero y la vergüenza de que algún amigo se burle, diciendo: "¿Dónde guardas la herramienta para estirar tablones?"

PASO 1. Extiende la cinta de medir

Tira del extremo que tiene un gancho para estirar la cinta hasta un metro o más.

PASO 2. Traba la cinta

Presiona el botón de retracción automática para que la cinta quede trabada.

PASO 3. Lee la cinta

Las medidas de la cinta comienzan en el extremo que tiene el gancho, y encontrarás que están expresadas en pulgadas o centímetros, destacando los múltiplos en color rojo.

PASO 4. Mide los centímetros o pulgadas

Las unidades de medida están marcadas con líneas a lo largo de la cinta.

PASO 5. Mide con precisión

Para cada sistema de medición también se indican las fracciones como cuartos y octavos de pulgada o milímetros. Son las líneas más cortas.

PASO 6. Mide y marca

Toma la medida que necesitas y anótala.

PASO 7. Recoge la cinta

Vuelve a presionar el botón de rebobinado automático para que la cinta se guarde sola.

Más info

Hay muchas cintas de medir que llevan marcas cada 16 pulgadas. Indican la distancia que por lo general hay entre los listones de los paneles en una casa.

usar el martillo

NECESITARÁS:
- Martillo
- Clavo
- Tablón

TIEMPO REQUERIDO:
- 3 segundos

> Podrás ser quien domine el martillo, pero de todos modos este puede ganarte. La herramienta sabe exactamente cómo debe funcionar, pero el usuario quizá tenga tan solo una leve idea.
>
> —Milan Kundera, *El libro de la risa y el olvido*

PASO 1. Toma el martillo

Con mano firme sostén el martillo por su mango, lejos de la cabeza de metal. Asegúrate de que no se te caerá de la mano cuando vayas a martillar.

PASO 2. Apunta

Enfoca tu mirada en el punto exacto donde necesitas dar el golpe. Mira la cabeza del clavo mientras levantas el martillo.

PASO 3. Martilla

Con la muñeca trabada, usa la fuerza de tu brazo y codo para levantar y bajar el martillo justo sobre la cabeza del clavo.

Consejo:
Si se dobla el clavo es porque estás pegándole en ángulo. Saca ese clavo y vuelve a empezar. El golpe correcto es el de la cabeza del martillo contra la cabeza del clavo, sin ángulos.

PASO 4. Vuelve a martillar

Cuando ya has dado el primer golpe, levanta el martillo y vuelve a martillar el clavo hasta que quede fijo a la profundidad deseada.

¿Sabías que?

Hay dos tipos de martillos con sacaclavos. El curvo es para sacar clavos sobre material delicado, con bajo impacto. El recto es para sacar clavos de maderas duras.

usar la sierra circular

NECESITARÁS:

- Sierra circular
- Madera para cortar
- Cinta de medir
- Lápiz
- Borde recto
- Superficie de corte
- Anteojos
- Tapones para oídos

TIEMPO REQUERIDO:

- 1 a 3 minutos (depende de varios factores: ¿Qué es lo que cortas? ¿Está afilada la hoja de tu sierra circular?)

Brandon Russel, diseñador, contratista y ex conductor de *Trading Spaces* de la TLC, y de *Drill Team* de A&E, nos indica algunas cosas sobre el uso de la sierra circular:

Al cortar con una sierra circular es importante saber algo sobre la dirección de giro de la cuchilla. El tipo de sierra circular que se usa en la mayoría de los talleres para cortes rápidos o para cortar tablones o madera en general, tiene una cuchilla que rota en sentido contrario al de las agujas del reloj. Eso significa que los dientes de la hoja entran en la madera desde abajo y van cortando hacia arriba.

Si el lado lustrado o bueno de la madera está hacia arriba mientras cortas, la hoja de la cuchilla podría producir astillas en la superficie. De modo que si necesitas que el corte sea parejo y suave sobre ese lado, tendrás que dar vuelta al tablón, poniendo el lado lustrado hacia abajo. Haz los cálculos, mide dos veces, marca la línea sobre el lado de atrás del tablón y corta la madera con el lado bueno hacia abajo. De este modo los dientes de la sierra entrarán por allí y no quedarán marcas ni astillas.

Recuerda que la cantidad de dientes que tenga la cuchilla tiene importancia en el acabado fino del corte. La regla es: cuando más dientes tenga la cuchilla, más suave y parejo es el corte pero la velocidad tendrá que ser menor. Así que sé paciente, y anda despacio.[2]

PASO 1. Marca la línea de corte

Mide y marca la línea por donde necesitas cortar. Usa un borde recto y un lápiz para marcar la línea que seguirás con la guía de la sierra.

PASO 2. Prepara la madera

Ubica la madera sobre una superficie de modo que cuando la hoja de la sierra pase y la atraviese, no entre en contacto con nada más.

PASO 3. La seguridad, primero

Ponte los tapones en los oídos y los anteojos.

PASO 4. Prepárate para cortar

Apoya el frente de la sierra (el pie) sobre el material que vas a cortar. Que la sierra no toque el material. Ubica la guía de corte que tiene el pie sobre la línea que marcaste con el lápiz.

PASO 5. **Corta**

Aprieta el gatillo de la sierra. Cuando haya tomado velocidad, empieza a empujar la sierra, alejándola de tu cuerpo para que vaya entrando en el material que cortas. Sigue la guía de corte que tiene el pie, y el borde de la hoja, a lo largo de la línea que marcaste con el lápiz.

PASO 6. **Completa el corte**

Sigue empujando la sierra en funcionamiento a lo largo de la línea que trazaste. Cuando llegues al final del corte, asegúrate de que la parte que caiga no te lastime.

PASO 7. **Apaga la sierra**

Quita tu dedo del gatillo para que la sierra se detenga. Sostén la sierra hasta que pare del todo. Cuando ha dejado de girar, ubícala en un lugar seguro.

Tipo listo

"Siempre empuja la sierra circular. Jamás la tires hacia ti. La dirección en que gira la hoja hará que la sierra salte rápidamente hacia ti y eso podría dar como resultado un viaje no planeado a la sala de emergencias, con un feo corte causado por una sierra que salió disparada hacia donde quiso".

—Eric Longshore,
contratista general, Avon Park, Florida

usar el taladro

NECESITARÁS:
- Taladro
- Broca o mecha

TIEMPO REQUERIDO:
- 2 a 5 minutos

Dale a un artesano las herramientas adecuadas y podrá perforar lo que sea. La mayoría de los guerreros de fin de semana solo necesitan un equipo promedio y doméstico para perforar materiales de construcción comunes como la madera, el metal y a veces, la piedra. Las perforaciones importantes requieren de gran pericia e ingeniería y un equipo realmente grande, además de un poco más de potencia de la que tienen los taladros comunes. En agosto de 2012 unos ingenieros petroleros establecieron un récord mundial en perforaciones profundas, con un hoyo de 12.345 metros de profundidad en la corteza terrestre. A más de 12 kilómetros, ese hoyo que parecía sin fondo estaba muy lejos de atravesarla de lado a lado. Para eso haría falta un perforador que pudiera soportar el calor y la presión del núcleo de la tierra, con una longitud de unos 12.000 km. Es la clase de herramienta que no encontrarás en los negocios de tu barrio.

PASO 1. La X marca el lugar

Determina dónde quieres perforar y marca el lugar exacto con una X.

PASO 2. Fíjate alrededor

Mira por detrás, por debajo y alrededor del lugar en el que quieres hacer la perforación. Fíjate si hay algo bajo la X que pudiera dañarse, como por ejemplo, tuberías, clavos, cables, la mesada, tu mano o la mano de alguien. Jamás uses ropa suelta ni alhajas que pudieran engancharse si te inclinas demasiado.

PASO 3. Elige la broca

Elige la broca o mecha adecuada para el material que vas a perforar. Hay brocas distintas para distintos tipos de material. Fíjate en el estuche, que indicará para qué material sirve esa broca o mecha.

PASO 4. Fija la mecha

Inserta la mecha o broca en la boquilla del taladro y ajusta con la traba. Los modelos más antiguos y los taladros industriales requieren del ajuste manual con la llave que acompaña al taladro (mandril).

PASO 5. Empieza a perforar

Ubica la punta de la broca sobre el material y presiona el taladro mientras aprietas suavemente el gatillo. Hazlo todo lentamente y recuerda que lo que determina la velocidad adecuada será el tipo de material que estés perforando. Si fuerzas el taladro contra un material duro, la broca perderá su filo y se puede quemar el material.

PASO 6. En reversa

Cuando hayas terminado de perforar el material, detén el taladro. Si se ha trabajo la broca, haz que el taladro funcione en reversa, presionando el gatillo con suavidad y retirando el taladro lentamente.

¿Sabías que?

El taladro se puede usar también como destornillador eléctrico. Con las puntas adecuadas (se compran en cualquier ferretería) puedes atornillar y desatornillar enseguida cualquier tornillo, sea plano o Phillips. Pero hazlo todo lentamente porque con la potencia del taladro es fácil que se zafe y dañe el material.

¿Sabías esto también?

El agua puede perforar el acero. La herramienta necesaria dirige un chorro de agua a alta presión, a más de 1.400 km por hora para cortar metal. Esa calidad de agua sería demasiada cuando intentas lavar tu entrada de garaje con la hidrolavadora, pero resulta genial para cortar metal en un taller de maquinaria.

usar la barra sacaclavos

FULCRUM

NECESITARÁS:

- Barra o barreta sacaclavos
- Objetos que necesites separar, desclavar, despegar.

TIEMPO REQUERIDO:

- Entre 1 y 60 segundos

La barra o barreta sacaclavos se cuenta entre los dispositivos más simples, antiguos y duros de la historia, entre las 10 primeras herramientas que tiene que tener todo hombre. Es más que una herramienta de fuerza y músculo, porque hace falta algo de habilidad, práctica y cierta delicadeza si quieres usarla como se debe. Si haces palanca correctamente, podrás abrirte camino incluso en los trabajos más difíciles.

PASO 1. **Ponte guantes**

No importa qué estés haciendo con la barreta, vas a necesitar tomarla con fuerza y firmeza.

PASO 2. **Saca clavos**

Usa el extremo curvo y afilado para sacar clavos. Inserta la cabeza del clavo en la ranura de la herramienta y levanta el clavo al hacer palanca sobre la parte curva de la barra.

PASO 3. **Separa**

Si estás separando dos piezas de madera usa el extremo largo con la punta plana, e insértala entre ambas piezas tanto como te sea posible. Luego haz palanca sobre la parte curva de la punta de cincel y separa las maderas. Sigue empujando la barreta en la hendija que creaste y repite el movimiento de palanca.

Tipo listo

Shakespeare habla de la barreta varias veces en sus escritos, incluso en la famosa obra *Romeo y Julieta* (Quinto acto, escena 2, líneas 17 a 22).

   FRAY LORENZO
17 ¡Infortunio! Por mi hermandad
18 no ha sido una carta amable sino acusadora
19 de gran importancia, y si no le prestamos atención
20 el riesgo es grande. Fray Juan, vaya allí,
21 y traiga la barreta de hierro,
22 directamente a mi celda.

usar la llave inglesa o francesa

NECESITARÁS:
- Llave ajustable o Crescent
- Una tuerca o un tornillo que necesiten cambio

TIEMPO REQUERIDO:
- 10 segundos

También conocida como llave Crescent, por su fabricante original, la llave ajustable tiene forma de "I" y resulta indispensable en la caja de herramientas de todo hombre. Así ha sido durante más de un siglo. Si la usas adecuadamente, podrás salvar el día pero si no, la cabeza del bulón o la tuerca quedarán redondeadas, y te habrás lastimado los nudillos. Es lo que se conoce como la súper frustración acompañada de nudillos hinchados.

PASO 1. **Abre la llave**

Usa tu pulgar y tu dedo para girar la rueda que abre la llave. Con eso podrás ajustarla al tamaño de la tuerca o la cabeza del tornillo.

PASO 2. **Ubica la llave**

Desliza la llave para que pueda agarrar la tuerca o cabeza del tornillo. Si hace falta, abre más la llave con la rueda de ajuste.

PASO 3. **Ajusta**

Usa la misma rueda para ajustar los dos lados de la llave de modo que agarre la tuerca o la cabeza del tornillo. Los nudillos hinchados son resultado de que la llave se zafa y tu mano golpea contra la superficie adyacente. Para prevenir esto, fíjate que la llave quede bien ajustada y firme alrededor de la tuerca o cabeza del tornillo.

PASO 4. **Rota**

Rota la llave en la dirección deseada. Por tonto que parezca, recuerda que a la derecha ajustas y hacia la izquierda, aflojas.

¿Verdad o ficción masculina?

Charles Lindberg llevaba dos herramientas en su cruce transatlántico que estableció el record mundial: un destornillador y una llave inglesa.

Verdad. Debido a las restricciones de peso y a la versatilidad de las dos herramientas, buscó unas simples y livianas.

Cómo

se usa el nivel

NECESITARÁS:

- Nivel de 3 burbujas

TIEMPO REQUERIDO:

- 15 segundos

> Conocí a un hombre que encuadró una casa usando un nivel defectuoso… así que supongo que tuvo que encuadrarla dos veces.
>
> —Shawn Sigafoos, contratista general, inspector de viviendas

PASO 1. **Mira las burbujas**

Los mejores niveles tienen 3 burbujas. Una es para verificar el ángulo horizontal y otra es para el vertical. La tercera (que no se usa tan a menudo) está ubicada en sentido diagonal en el nivel y sirve para encontrar el ángulo de 45 grados.

PASO 2. **Verifica el nivel**

Ubica la herramienta en sentido horizontal (sobre uno de los lados). Observa que la burbuja también esté horizontal. Si la burbuja está exactamente entre las dos líneas, puedes considerar que el objeto está nivelado. Pero si la burbuja está por fuera de las líneas, ajusta el objeto hasta que la burbuja esté entre las líneas.

PASO 3. **Verifica la plomada**

Plomada es la forma de indicar que algo está bien derecho y recto en sentido vertical. Sostén el nivel contra el objeto en sentido vertical y mira la burbuja horizontal. Si está exactamente entre las dos líneas, puedes considerar que el objeto está derecho. Si la burbuja no está entre las dos líneas acomoda el objeto hasta que quede recto en sentido vertical.

PASO 4. **Observa el ángulo**

La burbuja que está en diagonal en el nivel te servirá para saber si un objeto está a 45°. Si la burbuja queda entre las dos líneas cuando apoyas el nivel sobre el objeto, entonces está casi a 45. Pero si la burbuja no está entre las líneas, necesitarás ajustar la posición del objeto hasta que sí lo esté.

¿Sabías que?

El nivel de burbujas se considera una herramienta relativamente nueva. Los antiguos egipcios construyeron las grandes pirámides con especificaciones exactas usando una estructura simple pero muy efectiva en forma de A, con 3 piezas de madera y cuerdas con pesos.

---

calcular la superficie

¿Cuándo en mi vida usaré lo de esta clase? Eso te habrás preguntado en medio de la lección de matemáticas. Bueno, hoy es el día. Calcular la superficie de algo es simple, como lo es el álgebra ($L \times A = M^2$). Si lo haces bien, todas esas clases de matemáticas habrán servido de algo. Y si lo haces mal, habrás comprado demasiado material o lo que es peor, demasiado poco.

Mide el largo

De un extremo al otro de la habitación, mide el largo.

Mide el ancho

De un extremo al otro de la habitación, mide el ancho.

Multiplica las dos medidas

Largo x Ancho = Metros cuadrados (L x A = M^2).

Más info

Si la habitación no es cuadrada, como suele suceder, figúrate la superficie como una combinación de cuadrados y rectángulos. Por ejemplo, una habitación en forma de L podría estar formada por un cuadrado y un rectángulo. Calcula la superficie del rectángulo y luego la del cuadrado. Luego suma las dos cifras y tendrás la superficie total.

destapar lavabos

NECESITARÁS:

- Desatascador (específicamente para pileta)
- Pinzas pico de loro o llave de tubo
- Cubo para poner donde caiga el agua
- Trapos/toallas de papel/trapo viejo
- Goma de mascar de canela

TIEMPO REQUERIDO:

- 5 a 30 minutos

Esto es un poco asqueroso. Y el grado de asquerosidad depende de dónde se haya obstruido la tubería. Será un asco la pileta de la cocina, pero las partículas de comida no son algo tan feo. El lavabo del baño es peor porque los nudos de pelo y dentífrico suelen activar tu gana de vomitar. Ese baño público del trabajo que se tapó con vaya uno a saber qué cosa… eso es lo más asqueroso de todo. Trata de convencer a tu jefe para que llame a un plomero (fontanero).

PASO 1. Tapa el desagüe del lavabo

Usa un trapo viejo para taponar el desagüe y con eso evitarás que el agua salga a borbotones.

PASO 2. Usa el desatascador

Utilizando el desatascador, trata de destapar la tubería. Si no se desagota la pileta, sigue con el paso 3.

PASO 3. Encuentra el sifón

El sifón es la sección de tubería curva en forma de J. Piensa en esto: allí queda agua suficiente como para que no vuelvan a subir los olores desagradables.

PASO 4. Masca goma

Mete en tu boca algunas barritas de goma de mascar de sabor canela. ¿Recuerdas los olores desagradables que mencioné en el paso 3? Ahora los olerás, y la goma de mascar impedirá las ganas de vomitar. O tal vez no. Pero vale la pena probar.

PASO 5. Prepara el lugar

Ubica el cubo bajo el sifón para que allí caiga el agua sucia y todo lo que saldrá de la tubería.

PASO 6. Afloja las tuercas

El sifón tiene una o dos tuercas. Como está diseñado para instalarlo a mano tendrías que poder aflojarlas y quitar la tapa con facilidad. Si están muy apretadas, usa un alicate o la llave tubo.

PRECAUCIÓN:
El agua que esté atrapada allí caerá a chorros y salpicará.

PASO 7. Limpia las tuberías

Este paso puede ser feo pero en realidad es necesario. Limpia el caño de desagüe y el sifón, quitando todo lo que pudiera obstruirlos.

PASO 8. **Vuelve a poner la tapa**

Cuando hayas limpiado el desagüe y el sifón, vuelve a colocar la tapa con sus tuercas.

PASO 9. **Revisa que no haya pérdidas**

Ahora haz que corra el agua y fíjate que no hayan quedado pérdidas o filtraciones.

¿Sabías que?

Los desatascadores para piletas y para inodoros son diferentes. El de la pileta es como una bola cortada al medio y tiene un palo. Su parte inferior es plana, para que detenga el desagüe de la pileta. El desatascador para inodoros tiene un ala en la parte abierta de la pelota, que sirve para sellar y hacer vacío, forzando el agua por el desagüe.

cortar el agua del baño

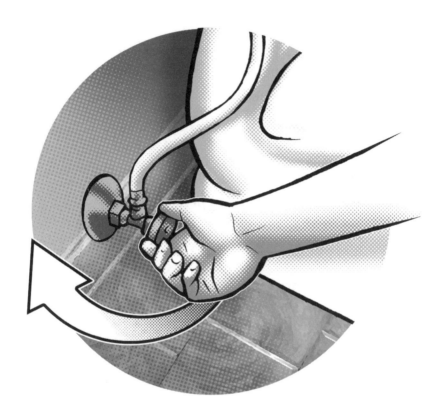

NECESITARÁS:
- Tu mano

TIEMPO REQUERIDO:
- 5 segundos

Acabas de usar el baño. Pero cuando echas el agua, no todo se va. Y, peor aún, el nivel del agua está subiendo peligrosamente, ya casi en el borde del tazón del inodoro. Algo malo ha sucedido en la tubería y allí estás, mirando con ojos de pez mientras ves que todo va de mal en peor. Si no actúas rápido, lo peor sucederá muy pronto.

PASO 1. **Encuentra la llave**

Mira debajo del tanque o depósito de agua del baño y encontrarás la llave.

PASO 2. **Fíjate cómo se opera la válvula**

La llave de paso puede ser como la de un grifo y con solo girarla cortarás el suministro de agua.

PASO 3. **Otros tipos de válvula**

Algunas funcionan como las de la manguera del jardín, que con solo medio giro cortarás el flujo del agua. En ese momento debiera dejar de salir agua por el inodoro. Has evitado la catástrofe.

PASO 4. **Lee las instrucciones sobre "Cómo destapar el inodoro"**

¿Verdad o ficción masculina?

Si gritas: "¡Basta, agua, ya!", el baño no se inundará.

Ficción. Huelgan las palabras.

destapar un inodoro

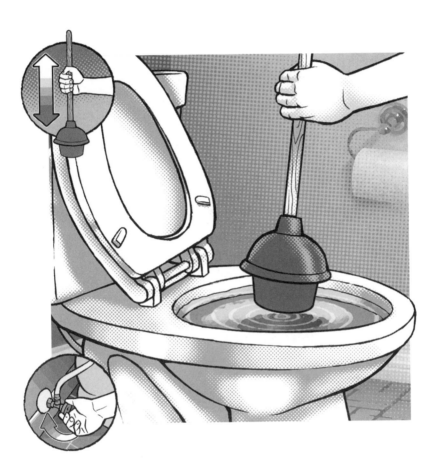

NECESITARÁS:
- Desatascador (para inodoros)
- Bolsa plástica para basura
- Toallas de papel

TIEMPO REQUERIDO:
- 1 a 5 minutos

El inodoro obstruido puede ser causa de alarma, en particular si solamente hay un baño en la casa. Hay que actuar antes de que el agua desborde el tazón del inodoro. Aunque la tarea puede ser desagradable, quien solucione el problema será el héroe de todos los que están esperando en fila del otro lado de la puerta del baño, con bastante apuro.

PASO 1. **Corta el suministro de agua**

Si el agua está a punto de desbordar el tazón del inodoro, corta el suministro de agua con la llave que está debajo del inodoro.

PASO 2. **Toma el desatascador**

Asegúrate de que es un desatascador para inodoro, diferente al que se usa para la cocina. (Ver "¿Sabías que?" en "Cómo destapar lavabos").

PASO 3. **Inserta el desatascador**

Sumerge el desatascador en el inodoro. Si hay agua acumulada, está bien. El agua no se comprime y te dará más fuerza cuando hagas vacío con el desatascador que si solo hubiera aire.

PASO 4. **Empuja y tira**

Empuja el desatascador, lentamente al principio. Si lo haces con demasiada fuerza, el agua salpicará y por varias razones, preferirás que permanezca dentro del tazón del inodoro.

PASO 5. **Repite**

Ahora repite el proceso, empujando y tirando del desatascador. Si el agua del inodoro ahora corre, habrás eliminado la obstrucción. Si sigue estacionada allí, tendrás que repetir el proceso varias veces.

PASO 6. **Abre el suministro de agua**

PASO 7. **Limpia**

Guarda el desatascador en la bolsa plástica si estás con otras personas. No les gustará que camines por allí con el desatascador sucio con agua del inodoro. Limpia el agua que se haya volcado o salpicado con toallas de papel.

PASO 8. **Lávate las manos**

Siempre, siempre lávate las manos tras destapar el baño.

¿Sabías que?

Mucho antes de que existieran las descargas y depósitos de agua, se usaban bacinillas, donde la gente hacía sus necesidades. Al terminar, el "contenido" se arrojaba fuera (casi siempre por la ventana).

revisar la caja de electricidad

NECESITARÁS:
- Linterna
- Manos secas
- Caja de electricidad

TIEMPO REQUERIDO:
- 1 a 3 minutos

Todas las casas tienen una caja de electricidad que controla el flujo de corriente que entra en y sale de la vivienda. Por lo general estará dentro de un armario, en el sótano, el garaje u otro lugar oculto. Dentro de la caja hay diferentes llaves de circuito. Cada llave regula la corriente que pasa por los cables hacia los tomacorrientes, interruptores y aparatos eléctricos.

Cuando por el cable fluye demasiada electricidad (usualmente por la sobrecarga de que hay demasiados dispositivos electrónicos conectados a un circuito), ese circuito automáticamente se cierra. Eso es bueno, si piensas que la alternativa podría ser el sobrecalentamiento y hasta un incendio. A la mayoría de las personas cuerdas esto no les gustaría. Si el flujo de electricidad excede el límite seguro, ese circuito se cierra y tendrás que volver a conectarlo a mano. No te preocupes porque el proceso de reactivar el circuito cerrado y poder volver a cargar su teléfono es simple, seguro. Pero no lo hagas con las manos mojadas. ¡Sería literalmente "chocante!"

PASO 1. Encuentra la caja

Fíjate en el garaje, el sótano o un armario. Es una caja metálica o plástica que tiene una puerta pequeña.

PASO 2. Abre la puerta

Destraba la puerta y ábrela.

PASO 3. Examina los circuitos

Fíjate en la fila de llaves térmicas. Habrá una que no está en posición de "ON" o "SÍ". En general, no estará en "OFF" o "NO", sino a medio camino entre ambas. Ese es el circuito que hay que reactivar.

PASO 4. Reactiva

Empuja la llave térmica hasta la posición de apagado y luego a la de encendido (si no queda en posición de encendido probablemente haya un problema más grave y tendrás que llamar a un electricista profesional).

PASO 5. Cierra la puerta

Cuando hayas reconectado ese circuito, cierra la puerta y disfruta de la comodidad de tener electricidad.

¿Verdad o ficción masculina?

A veces el contratista electricista se enorgullece de su trabajo y pone etiquetas con los circuitos que corresponden a cada llave térmica.
Verdad. Pero no lo des por hecho.

encontrar dónde poner un clavo en la pared

NECESITARÁS:

- Pared
- Dispositivo para buscar vigas
- Lápiz o cinta de pegar
- Nudillos

TIEMPO REQUERIDO:

- 30 segundos

Toc, toc.

¿Quién es?

El listón, pip, pip, pip.

Lo sé. No es buen chiste. El listón es una madera o viga de metal, en posición vertical, que se utiliza en paredes de madera o revestimiento. Eso significa que habrá partes huecas y otras que habrán sido clavadas al listón. El chiste no fue con mala intención. Puedes usar un detector de vigas si quieres colgar un cuadro pesado en la pared, sin que se caiga al poco tiempo.

PASO 1. **Prepara el buscador de vigas**

Enciende el buscador de vigas y apóyalo contra la pared. Activa el botón de detección para que el sensor empiece a funcionar.

PASO 2. **Adivina un poco**

En general, las vigas se ubican más o menos a 40 cm de distancia entre una y otra. Allí donde piensas que puede haber una, desliza el dispositivo sobre la pared hacia uno y otro lado. Cuando haya una viga bajo el revestimiento, el dispositivo te avisará con señal lumínica, sonora o ambas.

PASO 3. **Marca el lugar**

Cuando hayas ubicado la viga marca el centro aproximado con un lápiz, trazando una línea. O usa cinta de pegar. Con los nudillos golpea la pared y confirmarás dónde hay hueco y dónde viga.

Más info

Hay dos tipos de buscador de vigas, básicamente: (1) electrónico, que detecta diferencias en la densidad de la pared para identificar si hay una viga; (2) magnético, para vigas de metal, o para encontrar tornillos o clavos en las vigas de madera.

---

colgar un cuadro

Todo esto se ve bien. Me encanta cómo estás dejando este lugar. ¿Quién lo decoró? Tal vez no sea esto exactamente lo que oigas cuando las láminas que pegaste con cinta adhesiva se despeguen y las reemplaces por cuadros con marco. Pero la gente lo notará. Quienes eligen subir un peldaño en la escalera de la decoración están diciendo dos cosas: primero, que saben lo que les gusta, tienen conocimiento del estilo personal y están dispuestos a disfrutar durante mucho tiempo del cuadro con marco que han colgado; y segundo, que saben reparar los agujeros que quedan en la pared cuando deciden empacarlo todo y mudarse de casa. Las dos son buenas señales en un hombre.

PASO 1. **Encuentra la viga**

Usa el buscador de vigas para encontrar el lugar sólido donde podrás introducir el clavo (Ver "Cómo encontrar dónde poner un clavo en la pared").

PASO 2. **Introduce el clavo**

Suavemente y con precisión, mete el clavo en la pared, dejando fuera más o menos un centímetro para colgar el cuadro (Ver "Cómo usar el martillo").

PASO 3. **Cuelga el cuadro**

Usa la grampa o el alambre que tiene el cuadro por detrás. Con tu ojo de águila o un nivel, busca la posición equilibrada del cuadro para que no quede torcido (Ver "Cómo se usa el nivel").

¿Sabías que?

La obra maestra de Leonardo Da Vinci, la *Mona Lisa*, es "la obra de arte más conocida, más visitada, más reflejada en la literatura y la música, y objeto de más parodias en todo el mundo".[3] Leonardo la pintó a principios del siglo XVI, y la dama sonriente ha acumulado su valor en estos últimos 500 años. Hoy se calcula que vale unos US$760.000.000.

---

arreglar un agujerito en la pared

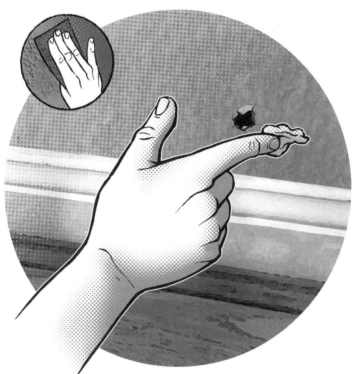

NECESITARÁS:
- Una latita de masilla o yeso
- Una espátula
- Papel de lija mediano

TIEMPO REQUERIDO:
- 1 minuto de preparación
- 30 minutos de secado

¡Ah! No era tu intensión pegarle a la pared con el filo de tus patines para hockey sobre hielo… pero ahora hay un agujero que demuestra que tu madre tenía razón. No es buena idea jugar al hockey en tu habitación. Has aprendido la lección, a las malas. Lo bueno es que el agujero es pequeño y no será difícil repararlo. Sí, tomará algo más de tiempo que hacer un gol, pero ese es el precio de hacer deporte dentro de la casa.

PASO 1. Prepara el agujero

Con cuidado, retira las astillas o bordes desiguales.

PASO 2. Unta

Usa tu dedo o la espátula para esparcir la masilla o yeso en el agujero. Sobrepasa los bordes para que tu trabajo sobresalga un poco del resto de la pared.

PASO 3. Deja secar

Espera hasta que la masilla o yeso esté seco del todo. A veces, el cambio de color a blanco indicará que está seco.

PASO 4. Lija con cuidado

Pasa la lija con cuidado sobre la masilla seca para que todo quede al mismo nivel.

PASO 5. Repite si hace falta

Si la masilla del agujero ha quedado más hundida, limpia para quitar el polvo, agrega otra capa y cuando se haya secado vuelve a lijar.

PASO 6. Retoca

Pinta el parche del mismo color que el resto de la pared.

¿Verdad o ficción masculina?

El dentífrico es buen reparador de huecos.

Verdad. Pero si el agujero es más grande que el que deja un clavo fino, no servirá. Sé hombre, y repáralo como se debe.

arreglar un agujero grande en la pared

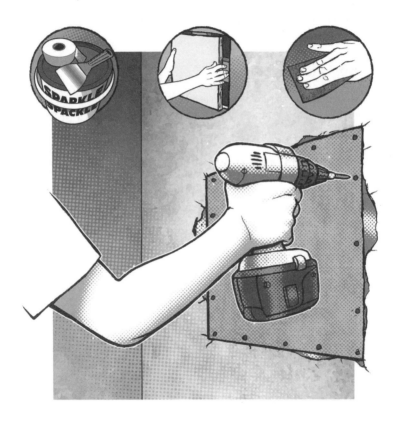

NECESITARÁS:

- Un retazo de madera, más o menos 10 cm más grande que el agujero
- Trozo de drywall (o cartón yeso o imitación de madera) más grande que el agujero
- Cinta de enmascarar drywall
- Masilla
- Esponja de lija gruesa, media y fina
- Tornillos para drywall
- Destornillador
- Cúter o trinchete
- Paleta o fratacho

TIEMPO REQUERIDO:

- 3 horas

¿Así que con tu amigo estaban jugando rudo dentro de la casa? ¿Y ¿te empujó? ¿Y lo empujaste? Y como pensaron que cada uno ganaría, volvieron a empujarse más fuerte. Y él cayó contra la pared, y se hizo un enorme agujero... ¡calamidad! No te ofendas, pero cuando vuelva tu madre, será más fácil mostrarle lo que ha pasado si le dices: "Mamá, no te preocupes. Yo lo reparo".

PASO 1. Limpia el área dañada

Quita todas las astillas y bordes dañados y luego haz un corte regular, en forma de cuadrado o rectángulo.

PASO 2. Inserta la madera

Inserta la madera en el agujero para que por dentro sobresalga de los bordes del agujero a un lado y al otro. Luego, atornilla la madera (servirá para que la placa de drywalll quede asegurada).

PASO 3. Corta el retazo de drywalll

Usa un pedazo de drywalll o cartón yeso del tamaño de la abertura, y asegúrala con tornillos a la madera. Asegúrate de que la cabeza del tornillo no rompa la capa exterior del papel que recubre la placa.

PASO 4. Encinta las uniones

Ahora cubre las uniones con cinta. Usa una cinta con adhesivo, que se pegue a la pared.

PASO 5. Aplica la primera capa de masilla

Ahora cubre la cinta con masilla y sobrepasa los bordes unos 5 a 7 cm. No te preocupes porque quede perfecto. Espera a que se seque.

PASO 6. Lija esta primera capa

Usa la lija gruesa y lija la masilla para que quede parejo. No dañes la cinta con el papel de lija.

PASO 7. Aplica otra capa

Esta vez, haz que sobrepase un poco más los bordes, unos 10 a 12 cm. Deja secar.

PASO 8. Lija la segunda capa

Usa la lija mediana para lijar la segunda capa. Fíjate que los bordes han de confundirse con la superficie de la pared. No lijes demasiado para no crear hoyos.

Aplica la última capa

Tiene que ser una capa muy delgada como para que cubra las posibles imperfecciones que quedaron en las dos capas anteriores. Espera a que se seque.

PASO 10. **Lija la tercera capa**

Usa la lija fina, sin presionar. No lo hagas con fuerza, o necesitarás una cuarta capa. Ahora tu parche quedó listo como para pintar y emparejar el color.

Tipo listo

"Creo que estoy a punto de cambiar de oficio y me dedicaré a colocar drywalll. No hay nada malo en eso. Lo que tengo es por la gracia de Dios, y tengo que aprovecharlo".

—Jeff Foxworthy, comediante estadounidense

Cómo
hablar cual hombre

Cien expresiones que el hombre debe saber

a bordo Que está dentro del vehículo, nave o aeronave.

acreedor La persona u organización que presta dinero al deudor.

ahorro Dinero que guardas para usarlo en el futuro lejano.

amarra Lugar y servicio para la guarda de un bote, lancha o barco.

ampere Llamado comúnmente "amp", el ampere es una unidad de corriente eléctrica que lleva el nombre del matemático y físico francés Andre Marie Ampére.

arco El contorno curvo de algo, en forma de medialuna. También, forma y nombre de una descarga eléctrica en que la corriente salta la brecha que hay entre dos electrodos, como tu dedo y un cable pelado.

babor Lado izquierdo de una embarcación, mirando hacia el frente. Indicado con luz roja de navegación.

barreno Dispositivo en forma de sacacorchos que se usa para perforar.

brasear Método de cocina para carnes no muy tiernas, que aplica primero calor seco y luego, calor húmedo al agregar algo de líquido. Luego se tapa la sartén, y la carne se cuece a fuego muy lento hasta que se hace más tierna.

buena imagen Aspecto del hombre prolijo, limpio y bien vestido.

cabeza Cráneo, parte superior del cuerpo donde se asienta la capacidad de razonar. Parte del clavo donde se da con el martillo.

cable Alambre flexible de cobre recubierto por una vaina de plástico, conductor de electricidad; forma de comunicación de agencias de noticias.

calor indirecto Método de cocción o calentamiento de comida que se ubica a un lado de la fuente de calor.

canaleta Tubería, por lo general abierta, que se coloca para escurrir el agua de lluvia que cae sobre un techo en declive.

candado Dispositivo de seguridad para cierre de puertas, ventanas, etc. Con una barra metálica en forma de U que se asegura en ambos extremos.

chamuscar Quemar o dorar rápidamente, usando calor intenso sobre la superficie de algo como un filete jugoso, una pierna de puerco o de cordero.

chasis Parte metálica que da estructura a un vehículo. No es la carrocería.

consumición Ticket o factura por lo que bebes en un bar o café, también conocido como cuenta.

contrato de trabajo Período por el cual se te pagará por trabajar en un empleo. Puede ser temporal o fijo.

corporativo Referido a un grupo de personas que funcionan con una misma cultura, motivados por los mismos derechos, obligaciones y privilegios, como en los negocios.

cromosoma XY Moléculas como hilos que llevan la información hereditaria del ADN del género masculino.

cuarto Unidad de volumen equivalente a la cuarta parte de un galón.

definir Indicar el significado de una palabra; también en referencia a la relación entre una chica y un chico, como en "novios oficiales" o "solo buenos amigos".

deudor Persona u organización que debe dinero al acreedor.

dos dedos de frente Calificación del bajo contexto intelectual.

embrague Pedal o palanca para efectuar cambios en las marchas de la transmisión de un auto.

empatía Comprensión, consciencia, sensibilidad ante los sentimientos, ideas y experiencia de la otra persona aunque no compartas sus sentimientos, ideas y experiencia.

encastrado Método de unión para dos piezas de madera que encajan la una con la otra. El encastrado podrá encolarse o no.

endeudado Adjetivo que califica al que debe dinero, bienes o servicios a otro.

enganche Aditamento que sobresale de la parte trasera de un vehículo, al que se une un tráiler.

equidad Cualidad de justicia.

estribor Lado derecho de una embarcación, mirando hacia el frente. Indicado con luz verde de navegación.

ethos Costumbre y conducta, valores, de una persona, un grupo, una cultura o movimiento. Podría definirse como "quiénes somos".

flojo Se dice de la cuerda, el tornillo, u otro objeto que no está firme o ajustado; también se dice del perezoso o haragán.

foque Vela triangular delantera del velero.

fusible Dispositivo de seguridad que contiene un alambre que se derrite si la corriente eléctrica excede el nivel confiable, e interrumpe el circuito.

galón Unidad de volumen equivalente a 4,5 litros.

galvanizado Delgada capa de zinc sobre otro metal que previene la corrosión. Suele usarse para botes de basura, tuberías, clavos, cercas, y en otros objetos de metal que quedan expuestos a la humedad.

gato Animal doméstico que maúlla; dispositivo para levantar objetos pesados.

gesta Larga y honorable búsqueda de algo valioso, como la hombría de bien.

gratificación Favor o regalo que se da por haber recibido un servicio, casi siempre en forma de dinero. Se conoce también como propina.

Guardia Nacional Hombres y mujeres valientes que sirven en una rama de las fuerzas militares.

hacha Herramienta de mango largo y cabeza de metal afilado que usan los leñadores para partir troncos. En inglés es "axe", pero no lo confundas con los productos de perfumería y tocador para hombres.

hachuela Hacha pequeña de mango corto para usar con una sola mano.

hipoteca Pago del deudor al acreedor por el valor de una propiedad, en cuotas, durante un período de tiempo establecido por contrato.

honorarios Dinero que cobra un profesional por sus servicios.

hostal Alojamiento de bajo costo para turistas o viajeros mochileros.

ID o id ID o DI, tarjeta oficial de identificación con la fotografía y datos de la persona. En cambio la identidad es la parte más básica de la personalidad.

impuestos Pagos que requiere el gobierno, en proporción al ingreso o las ganancias de una persona o negocio.

ingresos El dinero que entra en tus bolsillos, como el salario o las ganancias de un negocio.

junta universal Junta mecánica que transfiere fuerza por medio de una barra colocada en ángulo, con la opción de variación del mismo.

juramento Promesa sobre tus acciones o conducta en el futuro.

kilt Tradicional vestimenta de los hombres escoceses en forma de pollera con tablas.

labor Trabajo, tarea. Si se trata de trabajo forzado, refiere a trabajos como el de descargar 8,5 toneladas de piedras, por ejemplo.

lechada Delgada capa de yeso o revoque para rellenar rajaduras.

lecho Lugar donde duermes por la noche; suelo que compone el fondo de un río u océano; estrato geológico.

listón Madera o metal en sentido vertical en una pared de paneles que soporta la carga vertical de la estructura. En general son de 5 x 10 cm o 5x15 cm, y se ubican a unos 40 cm de distancia el uno del otro. Para colgar un cuadro, colocar un estante o una ménsula, siempre hay que clavar el clavo o poner el tornillo donde está este listón.

malacate Herramienta manual o motorizada que sirve para enrollar cuerda, cable o cadena en torno a un cilindro con el fin de levantar o bajar objetos pesados.

mandril Un tipo de mono con trasero de colores. Pero además, herramienta o llave que permite ajustar la mecha o broca en la boca del taladro.

mecha Herramienta para perforar, usualmente en forma de cilindro espiralado y con filo, que se inserta en la boca del taladro; cinta de género que se inserta en un farol de queroseno y cuyo extremo se enciende con un fósforo.

mente abierta Disposición para considerar ideas nuevas sin prejuicios.

mentor Persona con experiencia, consejero confiable, que te dice lo que necesitas oír y no lo que quieres oír.

montante Ventana pequeña sobre el dintel de una puerta o ventana más grande.

morsa Herramienta estacionaria con partes movibles utilizada para sostener en su lugar objetos sobre los que se trabaja, en general adosada a un banco de trabajo; animal mamífero semimarino de gran tamaño y colmillos importantes.

Nike Nombre de la diosa alada de la victoria en la mitología griega, y marca de equipo deportivo.

NN Nombre genérico de una persona de quien no se sabe el nombre, o que necesita permanecer en el anonimato.

octanaje Medida establecida de rendimiento del combustible. Cuando más alto el octanaje, mayor es el nivel de compresión que soportará el combustible antes de entrar en ignición.

Outback La remota región del interior de Australia.

palanca Barra pivotante que se usa como ayuda para mover objetos pesados.

parrilla Frente de un auto o camión, conjunto de dientes o barras metálicas; grilla de metal para asar alimentos sobre brasas o fuego.

pasteurizado Proceso de tratamiento con calor para los productos alimenticios, al punto de la esterilización parcial.

pensión Pago que proviene de lo invertido por el trabajador retirado durante su vida laboral.

perdón Disculpa sincera que debieras presentar cuando has actuado de manera lamentable u ofensiva.

pickup Camioneta con caja de carga.

piedra de afilar Piedra de grano fino que se usa para afilar cuchillos y herramientas de borde metálico.

pivote Bulón o tornillo importante principal que sostiene en su lugar a otras estructuras y que si se quita significa el desarmado de la estructura.

pluma Vestimenta de las aves; también, guía o viga horizontal de una grúa. Se llaman igual pero su peso es bien diferente.

pregunta Expresión redactada para obtener información. Las grandes preguntas dan como resultado gran información. Las preguntas débiles o tontas darán como resultado información débil o tonta. Si no preguntas, no obtienes información. Mejor es formular grandes preguntas.

Premio Nobel Codiciado premio internacional que se otorga cada año por el trabajo destacado en alguna de seis categorías: física, química, medicina, economía, literatura, y la promoción de la paz.

proa y popa Respectivamente, extremo delantero y trasero de una embarcación.

puerto Lugar resguardado de los vientos a la orilla del mar o río donde amarran las naves.

pulmón Órgano del cuerpo humano, vital, que participa en la respiración (tenemos 2 pulmones); hueco que se construye en el hogar, parrilla o estufa para facilitar el flujo de aire frío que ingresa y del humo que sale.

quilla Estructura de la línea del centro que recorre el casco de un barco por debajo.

rappel Descender por una superficie casi vertical usando una cuerda para controlar el descenso.

rasgar Utilizar la fuerza para separar material textil.

renta Pago que se hace al propietario de una propiedad por el uso de ésta. Rent también es el nombre de un musical de rock de Broadway, Nueva York, sobre un grupo de jóvenes artistas y músicos casi muertos de hambre que buscan triunfar.

renunciar Dejar un empleo voluntariamente.

segunda chance La oportunidad que se ofrece a un jugador, por lo general de golf, para repetir su tiro.

spotter Persona que practica la observación y el registro de aviones, barcos, trenes, automóviles, etc.

stud Haras donde se crían caballos.

tensión Estado emocional cuando sientes que pagas demasiados impuestos. En la física, estado de extensión o ajuste.

timón Mecanismo para dirigir un barco y también lugar desde donde el capitán dirige el curso de la nave.

timón de popa Pieza vertical con bisagras que se usa para dar dirección desde la popa de una embarcación.

valor Gran coraje en situaciones muy peligrosas.

varilla para medir el aceite Dispositivo para medir el nivel de aceite del motor del auto y que debes grabar en tu mente porque si lo olvidas te saldrá muy cara la reparación mecánica.

viga Maderas o hierros que soportan el peso de un techo, o que sirven de sostén para paredes.

voltio Medida internacional establecida para el potencial electrónico. El voltaje es la variable que determina la gravedad de un choque cuando la electricidad para por un conductor, como tu cuerpo. Si sostienes los extremos de una batería AA de 1,5 voltios, no sentirás nada. Si tocas las conexiones de un tomacorriente de 120 voltios, saltarás de dolor. Y si la policía utiliza contra ti una pistola Taser de 50.000 voltios, quedas incapacitado y en el piso, probablemente también sin control de esfínteres.

yugo Pieza central que une fuerzas de tiro separadas para que actúen en conjunto.

zeta Última letra del alfabeto. También, letra en otros idiomas, y nombre de grupos musicales u organizaciones de negocios.

zircón Mineral muy similar al diamante en aspecto y refracción, también conocido como falso diamante.

Zodiac Marca de un bote inflable con compartimientos independientes.

Notas

Parte 1 Las mujeres y las citas

1. Las citas de esta introducción son de Les Parrot, entrevista con el autor, diciembre de 2012.

Parte 2 Modales y habilidades sociales

1. Las citas de esta introducción son de George Toles, entrevista con el autor, febrero de 2013.

Parte 3 Trabajo y ética

1. Las citas de esta introducción son de Jason y David Benham, entrevista con el autor, enero de 2013.

Parte 4 Administración del dinero

1. www.daveramsey.com/company/about-dave.

2. Dave Ramsey, *La transformación total de su dinero* (Nashville: Editorial Caribe, 2003).

3. Dave Ramsey y Sharon Ramsey, *Financial Peace Revisited* (New York: Viking Penguin, 2003), 5.

4. Ibid., 20.

5. Dave Ramsey, *Total Money Makeover: Classic Edition: A Proven Plan for Financial Fitness* (Nashville: Nelson Books, 2013), 5.

6. Mandi Woodruff, "El gurú financiero Dave Ramsey nos dice por qué cortó las tarjetas de crédito frente al público," BusinessInsider.com, April 23, 2012, http://www.businessinsider.com/dave-ramsey-hates-credit-cards-2012-4.

7. Chris Carpenter, "La transformación total de su dinero: Entrevista a Dave Ramsey," CBN.com, http://www.cbn.com/family/familyadvice/carpenter-daveramseymoneymakeover.aspx.

8. http://www.daveramsey.com/article/our-favorite-dave-quotes-of-2009/lifeandmoney_other/.

9. Frase acuñada y registrada por Dave Ramsey.

10. Dave Ramsey, "Un extraño vistazo al dinero," LifeChurch.tv, http://www.youtube.com/watch?v=Af1zc0qhr8o.

11. John Maxwell, citado por Dave Ramsey, *La transformación total de su dinero*. 59 en el original publicado en inglés)

12. Dave Ramsey, *CBS Morning Show* entrevistado el 10 de febrero de 2009.

13. Samuel Fleichacker, *On Adam Smith's* Wealth of Nations: *A Philosophical Companion* (Princeton, NJ: Princeton University Press, 2004), 68.

Parte 5 Tu aspecto personal y la higiene

1. Las citas de esta introducción son de Thomas Frieden, entrevistado por Bill Phillips, editor en jefe de la revista Men's Health, en un chat Google+, en junio de 2013.

Parte 6 Vestimenta y estilo

1 Las citas de esta introducción son de Nate Retzlaff, entrevista con el autor, febrero de 2013.

Parte 7 Deportes y recreación

1. Las citas de esta introducción son de Norm Evans, entrevista con el autor, noviembre de 2012.

2. "The Wizard's Wisdom: 'Woodenisms,'" ESPN.com, June 4, 1010, http://sports.espn.go.com/ncb/news/story?id=5249709.

Parte 8 Los autos y el conductor

1. Las citas de esta introducción son de Doug Herbert, entrevista con el autor, septiembre de 2009.

Parte 9 Comida y cocina

1. Las citas de esta introducción son de Guy Fieri, entrevistado en el Festival de Comida y Vinos en Disney California, en 2010.

Parte 10 Herramientas y reparaciones

1. Las citas de esta introducción son de Ned Wolf, entrevista con el autor, septiembre de 2009.

2. Brandon Russell, entrevistado por el autor en septiembre de 2013.

3. John Lichfield, "El traslado de la *Mona Lisa*," *The Independent*, 2 de abril de 2005 (recobrado el 9 de marzo de 2012).

Jonathan Catherman es asesor educacional y entrenador especializado en formación de carácter y desarrollo de liderazgo juvenil. Como galardonado estratega cultural, Jonathan habla a través del mundo acerca de los valores y fortalezas que empoderan la grandeza en los niños, adolescentes y jóvenes adultos. Como padre de dos hijos, ve a diario la importancia de que los chicos se interesen en ganar respeto y evitar la vergüenza. Como padre y profesional, Jonathan está dedicado a ayudar a los hombres jóvenes a tener experiencias exitosas y significativas en su marcha a la madurez masculina y el liderazgo de toda la vida. Jonathan, su esposa y sus hijos viven en Huntersville, Carolina del norte. Visite: www.jonathancatherman.com.

> "Si tuviera el tiempo en mis manos, haría lo mismo otra vez. Lo mismo que haría cualquier hombre que se atreva a llamarse a sí mismo hombre".
>
> —Nelson Mandela